Un secret derrière la porte

Publié par Oskar éditeur
21, avenue de la Motte–Picquet
75007 Paris - France
Tél.:+33(0)147055892
E–Mail : oskar@oskareditions.com
Site internet : www.oskareditions.com

Auteur : Bernard Gallent
illustrations de Jazzi
Conception Graphique, direction artistique : Xavier Crauffon
Mise en page partie documentaire : Raphaël Hadid
Direction éditoriale : Françoise Hessel
Dossier documentaire : Nathalie Rahimi

Précédente édition en 2013

ISBN: 979-10-214-0392-5
Dépôt Légal : Novembre 2015
Imprimé en Europe Loi n° 49–956 du 16 juillet 1949
sur les publications destinées à la jeunesse

LES AVENTURES DE L'HISTOIRE !

Un secret derrière la porte

En juin 1944

Auteur : **Bernard Gallent**
Illustrations de **Jazzi**

oskar
éditeur

Région parisienne, juin 1944

Depuis plusieurs semaines, des avions anglais, américains ou canadiens sillonnent le ciel du Nord de la France, préparant ou suivant le débarquement allié en Normandie.
Pendant la nuit du 12 au 13 juin 1944, une nouvelle attaque de l'aviation alliée est lancée contre la gare de Massy-Palaiseau et les trains de matériel allemands, au sud-ouest de Paris. Les sirènes hurlent, prévenant les habitants des alentours et les incitant à se mettre à l'abri.
C'est ce que font aussitôt Jeannot et ses parents qui se réfugient en hâte dans la cave de leur maison. Mais les obus sifflent et pleuvent…

1

La nuit du 12 juin

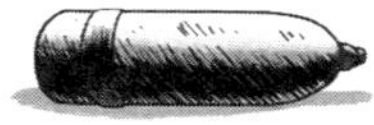

– Jeannot, lève-toi vite !

– Hum... Encore ?

– Dépêche-toi, je te dis ! Tu n'entends donc pas la sirène ?

Le garçon saute de son lit, plonge ses pieds dans ses pantoufles, attrape sa robe de chambre sur le dossier d'une chaise et dévale l'escalier derrière sa mère sans dire un mot.

Marcel Laigle, le père, est en bas, tenant la porte ouverte sur les marches en ciment qui mènent à la cave :

– Pressons-nous ! Pressons-nous ! répète-t-il avec impatience.

Le trio s'engouffre à la queue leu leu dans la pénombre. L'enfant se tient aux briques rugueuses de la cage d'escalier pour ne pas tomber. Il perd une pantoufle en route, remonte cinq marches pour la récupérer et finit sa descente un pied nu sur le ciment froid.

Depuis quelques semaines, en raison de la fréquence des alertes*, le père a aménagé dans le sous-sol de la maison une sorte de refuge, à l'image des abris prévus dans les caves des villes.

Cette pièce sombre est équipée d'un petit évier, d'un réchaud à gaz et d'un peu de vaisselle, d'une vieille table et de trois chaises, de trois matelas empilés et de quelques couvertures sans âge.

Une ampoule blafarde pend du plafond.

– La sirène n'arrête pas, se plaint Suzanne, la mère, inquiète. Ferme la porte derrière toi, Jeannot.

– J'entends des grondements, dit l'enfant en tirant sur la poignée, le regard tourné vers l'ampoule électrique qui vibre légèrement.

– Ce sont encore les avions anglais ou canadiens, explique Marcel. Ils se dirigent sans doute vers la gare de Massy-Palaiseau pour bombarder les trains de matériel allemands...

* Une sirène prévenait les gens du danger d'un bombardement possible. C'était l'alerte.

– On ne risque rien, papa, hein ?

– En principe, non, mon garçon. Mais ces avions, qui lâchent leurs bombes pendant la nuit, ne peuvent pas être très précis. Et il n'y a que trois kilomètres entre la gare et notre maison...

Jeannot tire un matelas et le place dans un angle de la pièce. Il s'enroule dans une couverture et s'assoit, recroquevillé, le regard toujours tourné vers le plafond.

– Ça n'en finit pas ! se plaint l'enfant, les mains plaquées sur les oreilles.

– Ça finira bien par finir, répond la mère à mi-voix, se voulant rassurante malgré l'évidence du danger.

Les grondements des moteurs, en effet, enflent et menacent. Les parents, assis de part et d'autre de la petite table, se taisent et imaginent la progression des avions.

– Cette fois, « ils » semblent passer juste au-dessus de nous ! commente le père en élevant le ton pour se faire entendre.

Le vrombissement des moteurs devient assourdissant. Pourtant, au milieu du vacarme, percent soudain des sifflements stridents.

Le père, n'y tenant plus, se précipite vers la petite

porte qui donne sur le jardin, l'ouvre et scrute le ciel noir, tout en restant à couvert, le regard noyé d'inquiétude.

Tout à coup, sous ses yeux, la nuit devient orange tandis que retentit une sorte de coup de tonnerre.

– Ils ont eu le pont ! crie le père par-dessus le vacarme. Le viaduc de la voie de Chartres* !

À peine a-t-il terminé sa phrase qu'un second coup éclate, plus fort, au milieu d'une immense lueur ocre. Plus assourdissante encore, juste au-dessus de leur tête, une énorme déflagration fait trembler les murs de la maison.

Affolé, Marcel se tourne vers sa femme et son garçon. Il leur crie :

– Jean, Suzanne, vite ! Sortons d'ici ! La maison s'écroule ! Vite ! Vite !

Dans une ambiance de tempête, de craquements, de grincements et d'éboulements, les trois se précipitent au-dehors par la petite porte du jardin, les mains sur la tête et le dos courbé.

Sans se retourner, ils traversent à grandes enjambées le pré encombré de tuiles cassées et filent vers le petit bois.

---

* Un viaduc est un long pont à plusieurs piles (pieds) construit pour le passage d'une route ou d'une voie ferrée. La voie de Chartres était une ligne de chemin de fer non terminée. Les rails n'avaient jamais été posés.

Arrivés sous le couvert des arbres avec l'illusion* qu'ils s'y trouvent protégés, ils se blottissent, essoufflés, contre le tronc d'un vieux hêtre.

Jeannot ose enfin regarder en arrière. Dans la nuit éclairée de lueurs inquiétantes, il devine la silhouette éventrée de la maison tandis que s'éloigne peu à peu le grondement des avions.

Soudain, plus loin, retentissent d'autres sifflements, d'autres éclatements, d'autres coups de tonnerre. Marcel revient au milieu du pré, met sa main en visière et commente d'une voix sourde :

– La gare ! « Ils » ont eu la gare de Massy-Palaiseau !

Le petit Jean vient se blottir contre sa mère :

– On n'a plus de maison, maman ?

– Non, Jeannot. Mais nous sommes tous les trois sains et saufs.

– Où va-t-on dormir, maintenant ?

– Pour l'instant, répond le père qui est revenu près des siens, nous allons attendre que cette vague de bombardements se calme tout à fait. Ensuite, nous verrons...

---

* Une illusion est une idée fausse, une idée que l'on croit bonne et qui ne l'est pas.

Marcel, pour l'heure, est anéanti*. Il ne le laisse pas paraître, mais il se sent aussi perdu que son Jeannot de fils et se voit bien démuni pour tenter de le rassurer.

Enfin, lentement, les bruits s'éloignent et les lueurs s'éteignent. Le calme revient avec la nuit noire, soudain déchirée une nouvelle fois par le cri de la sirène annonçant la fin de l'alerte.

– Le danger est passé, commente Marcel en soupirant profondément. Enfin un peu de calme...

– Où va-t-on dormir cette nuit, papa ? s'inquiète à nouveau l'enfant.

– Je vais retourner chercher les matelas et les couvertures de la cave, et nous irons nous étendre... dans le hangar.

– Oh non ! proteste Suzanne. Nous ne pouvons pas dormir au milieu des poules et des lapins ! Allons plutôt demander aux Filotin...

– Tu as raison, Suzanne. Allons demander aux voisins, qui n'ont certainement pas plus fermé l'œil que nous, s'ils ont un peu de place pour nous pour le reste de la nuit.

La famille Filotin habite une belle petite

---

* Anéanti veut dire ici accablé, stupéfait, consterné.

maison de l'autre côté de la rue. Marcel et sa troupe y sont en quelques enjambées. Mais il n'a pas à sonner, car le voisin est sur le seuil de sa porte, occupé à vérifier la solidité de sa propre demeure.

– Ah, Marcel ! Suzanne ! Je vous attendais ! clame le voisin en les voyant approcher. C'est terrible ! Votre maison... C'est épouvantable ! Allez, venez vous abriter...

Suzanne, Marcel et le petit Jean entrent en silence chez les voisins. Dans le séjour, une bougie est allumée au milieu de la table.

– Asseyez-vous, propose madame Filotin. Je faisais justement du café...

– C'est bien aimable de votre part, Germaine. Une boisson chaude nous fera certainement du bien, remercie Suzanne dans un triste sourire.

– Pensez donc, avec ce qui vous arrive ! Et puis, entre voisins... Tu en voudras un peu aussi, Jeannot ?

Le jeune garçon hoche la tête, s'efforçant à sourire lui aussi.

– Ce café-là ne peut faire de mal à personne ! commente Jules Filotin en tapant dans ses mains. Mon Dieu, quelle nuit ! Et dire que les Américains ont débarqué il y a moins d'une semaine en Normandie ! Ah, on était si tranquilles sans eux, ces derniers temps !

2

Dans les décombres

Au matin, après une courte nuit agitée de mauvais rêves, Jeannot s'éveille la tête lourde. Chez les Filotin, on n'a pu lui offrir qu'une banquette dure et étroite sur laquelle il s'est pelotonné* avec la crainte incessante de tomber dans son sommeil sur le tapis de la salle à manger.

– Te voilà debout ! commente Suzanne, en voyant son fils apparaître timidement dans la cuisine.

– Hum..., grogne l'enfant en guise de réponse.

– As-tu dormi un peu, au moins ?

– Un peu... Où est papa ?

– Il est déjà retourné à la maison... enfin... à ce qu'il en reste...

---

* Être pelotonné, c'est être blotti, recroquevillé.

– Pourquoi faire ?

– Les pompiers sont là, au cas où...

– Les pompiers ? Mais qu'est-ce qu'ils peuvent donc faire ? Réparer la maison ?

– Oh non ! Bien sûr que non ! J'ai bien peur, malheureusement, qu'elle ne soit pas réparable du tout !

– Mais alors, qu'est-ce qu'on va faire ? Où va-t-on dormir ce soir ?

– Je n'en sais rien. Pour l'instant, avale donc quelque chose. Il y a du pain et un pot de gelée de groseilles que Germaine a ouvert spécialement pour nous...

Le petit Jean, la mine renfrognée et les cheveux en bataille, étale une fine couche de confiture sur sa tranche de pain, puis se dirige vers la fenêtre.

– Ben zut alors ! s'exclame-t-il en apercevant en pleine lumière, de l'autre côté de la rue, la toiture éventrée et le pan* effondré de sa maison.

Germaine Filotin, un vieux fichu noué derrière la tête comme à son habitude, entre à ce moment-là.

---

* Côté, partie.

– Ah, voilà notre gaillard enfin levé ?

Jean ne se sent pas aussi gaillard* que la voisine semble le penser. Mais il n'en dit rien. Il se contente d'un « *bonjour, madame* » bien timide, auquel Germaine ne répond pas directement.

– Jeannot, as-tu bu quelque chose de chaud ?

– Non. J'ai mangé une grosse tartine...

– Ah, je n'ai pas de lait, mon petit. Voudras-tu un peu de... café ?

Le garçon se tourne vers sa mère, attendant sa permission. Suzanne lui sourit et Jean accepte un fond de bol. Mais ce méchant café est bien amer et il le boit d'un trait dans une belle grimace.

– Je peux aller voir papa ? demande-t-il alors tout en s'essuyant les lèvres du revers de sa manche.

Mais Suzanne fronce les sourcils. Elle ne semble pas l'entendre de cette oreille** :

– Tu ne vas tout de même pas sortir dans la rue en pyjama et en pantoufles, Jeannot ?

– Mais maman, je n'ai rien d'autre que le pyjama que j'ai sur le dos ! Et puis je suis bien venu comme ça, cette nuit ! Et puis il n'y a

* Gaillard veut dire vif, alerte, vigoureux. Un gaillard est donc un garçon fort, costaud, décidé.

** Elle ne l'entend pas de cette oreille signifie qu'elle n'est pas de cet avis.

personne dans la rue, même pas les pompiers qui viennent de repartir...

– Attends-moi une minute, alors. Je viens avec toi.

Voilà bientôt Suzanne traversant la rue d'un petit pas rapide, précédée de son fiston en pantoufles et pyjama à rayures. Tandis que sa mère, contemplant le désastre, se prend la tête entre les mains, le garçon appelle :

– Papa ! Papa ! Où es-tu ?

En forme de réponse, une phrase sourde et incompréhensible sort des ruines. Jeannot s'en contente et file vers l'amas de pierres, de tuiles cassées et de poutres enchevêtrées*.

– Ne t'approche pas, Jeannot ! ordonne Suzanne qui trotte pour le rejoindre, abattue et tremblante. C'est dangereux !

– Mais papa, lui, il est bien là-dedans !

– Ce n'est pas pareil !

Marcel est bien retourné dans les ruines de la maison, mais pour Suzanne, il n'est pas question que Jeannot en fasse autant. Tout en retenant son garçon par le bras, elle se fait du souci pour son mari :

---

* Les poutres enchevêtrées sont en tas, mélangées, en désordre.

– Hé, Marcel, que fais-tu donc là-dedans ?

Marcel Laigle reparaît à cet instant à la porte de la cave, le visage grisâtre. Ses mains sales tiennent un vieux cageot rempli d'objets poussiéreux.

– J'essaie de sauver ce qui peut encore l'être ! répond l'homme, un pauvre sourire sur les lèvres.

– Mais tu ne risques pas de prendre le plancher sur la tête ? s'inquiète Suzanne.

– Non. Le sous-sol est solide et en bon état. Sauf l'escalier qui y descend par l'intérieur, qui est rempli de gravats* qui bloquent la porte. Mais au-dessus, c'est une autre affaire ! Tenez, j'ai mis dans cette cagette un peu de vaisselle intacte. Il faudrait que je récupère aussi quelques vêtements...

– Oh oui, papa ! intervient Jeannot. Je ne voudrais pas rester toute la journée en pyjama !

Marcel se force à plaisanter :

– Tu n'es donc pas bien ainsi, mon garçon ?

– Papa ! proteste l'enfant en tapant du pied.

Suzanne, à nouveau, contemple le désastre et se désespère :

– Pauvres de nous ! Qu'allons-nous devenir, maintenant ? Qu'allons-nous faire ?

---

* Les gravats sont des débris, des décombres, des éboulis.

– Nous sommes bien vivants tous les trois, dit Marcel d'une voix forte. Le reste...

– Maman, s'inquiète à son tour le petit Jean, tu crois que mon train électrique est tout écrabouillé ?

– Il s'agit bien de ton train ! reproche Marcel.

Mais pour l'enfant, à qui l'on a offert ce train d'occasion, il y a quelques semaines, pour son dixième anniversaire, rien ne semble soudainement plus important. Il se met à courir autour de la maison jusqu'à se planter en contrebas de sa chambre éventrée.

– Papa, maman ! Venez voir ! appelle-t-il tout excité.

Suzanne arrive à petits pas, tenant toujours sa tête entre ses mains.

– Regarde, maman ! Mon armoire est bien debout sur un morceau de plancher ! Si on pouvait grimper...

– Il faudra bien qu'on lui trouve une culotte et une chemise, à cet enfant ! décide Marcel arrivé à son tour. Je vais aller prendre l'échelle dans le hangar.

– Oh oui, bonne idée ! se réjouit le garçon qui file déjà en direction du hangar à la suite de son père.

L'échelle est apportée, dressée sur le tas de pierres écroulées et calée tant bien que mal contre un pan de mur resté debout.

Marcel grimpe les échelons avec précaution.

– Écarte-toi un peu, Jeannot, commande-t-il. On ne sait jamais...

Le garçon recule de trois pas tout en regardant son père, se prend les pieds dans une latte de plancher et tombe à la renverse.

– Aïe aïe aïe ! se plaint-il, assis dans l'herbe envahie de décombres, en se tenant le mollet sanguinolent*.

– Voilà ce que c'est ! s'affole Suzanne en se précipitant. Voilà ce que c'est !

– Que se passe-t-il ? demande Marcel arrivé au niveau de l'étage.

– Ton fils est tombé ! Il s'est déchiré le mollet avec un vieux clou du plancher ! Le voilà qui saigne comme un poulet ! Il en a plein sa jambe de pyjama !

– Bon sang ! gronde le père perché sur son échelle. Jeannot, tu ne peux donc pas faire un peu attention ? Suzanne, emmène-le chez

---

* Sanguinolent signifie ensanglanté, qui saigne.

Germaine. Elle aura peut-être ce qu'il faut pour soigner cet empoté* !

Penaud, Jeannot se laisse tirer par sa mère affolée jusqu'à la maison des Filotin.

– Ce n'est pas très grave, la rassure Germaine en découvrant quelques minutes plus tard la jambe du garçon que l'on a fait grimper sur une chaise. Je vais nettoyer ça et trouver un peu de mercurochrome. Puis nous mettrons un bandage...

– Merci. Je vais laver tout de suite ce pyjama dans la bassine de l'évier avec du savon de Marseille, décide Suzanne. Avant que le sang n'ait séché...

Jeannot, tremblotant et debout sur son perchoir, se laisse soigner sans mot dire tandis que sa mère frotte son unique pantalon avec un vieux bout de savon.

Il est encore là, à demi-nu et un peu honteux, lorsque reparaît Marcel tenant une petite valise à la main et quelques vêtements sous le bras.

– Je crois que j'arrive juste à point, commente-t-il dans un sourire. Pas vrai, Jeannot ?

---

* Un empoté est un maladroit.

3

Graves décisions

Marcel pose la valise sur la table de la cuisine, l'ouvre et annonce fièrement :

– Jeannot, voilà ta fameuse locomotive *Hornby Atlantic 221** à laquelle tu tiens tant !

– Oh, merci papa ! s'exclame le garçon. Tu l'as retrouvée ! Chouette ! Et les wagons, et les rails, et le transfo** ?

– Ta ta ta ! Je les ai placés en lieu sûr, mon garçon. Je n'allais pas tout déménager chez Jules et Germaine, non ? En attendant, que dirais-tu d'enfiler quelques vêtements ? Tiens... voilà qui est à toi !

---

* « Hornby » est une fameuse marque de trains électriques. Cette locomotive miniature à vapeur appelée *Atlantic 221* mesurait 30 cm de long environ.

** Le « transfo » pour parler du transformateur, indispensable pour brancher le circuit.

Jeannot saute de sa chaise, le sourire retrouvé. Il s'empare en hâte de sa chemisette blanche, de sa culotte de toile beige, de ses chaussettes de lin gris et des sandalettes de cuir sauvées des bombes.

Sitôt habillé, il se presse vers l'évier, s'inonde le visage sous un filet d'eau tout en se frottant le nez du bout des doigts, se passe la main dans les cheveux pour y mettre un peu d'ordre et se tourne vers sa mère en disant :

– Je suis prêt, maman !

– Bien, mais ne va pas te mettre à faire le fou avec ta jambe blessée !

– Ce n'est rien, maman !

– Ce n'est rien, sauf que tu t'es ouvert la jambe sur plus de dix centimètres et qu'un rien peut rouvrir la plaie ! Tu dois rester très tranquille, Jeannot ! Très tranquille, tu entends ?

– Oui, maman, promet l'enfant en baissant la tête.

– Et pour commencer, je t'interdis de retourner à la maison. D'ailleurs, je me demande bien si... Marcel !

M. Laigle, qui est déjà sur le point de rebrousser chemin*, s'arrête et demande :

---

* Rebrousser chemin, c'est retourner en arrière, revenir.

– Quoi donc encore, Suzanne ? Le petit n'a-t-il pas ce qu'il lui faut ?

– Si, bien sûr. Mais il faut que nous parlions un peu... Tiens, Jeannot, ne reste pas dans mes jambes ! Prends donc ce panier et rejoins Germaine dans son potager. Elle a sans doute besoin de toi !

L'enfant s'éloigne, balançant le panier et soupirant en silence, devinant que, comme à l'habitude, on veut l'éloigner pour discuter à son sujet sans être gêné par sa présence.

Germaine est avec ses salades et peste toute seule contre les limaces qui, surtout en temps de guerre, ne devraient pas manger autant.

Jeannot s'approche et dit :

– Maman m'envoie vous aider...

– C'est bien gentil, mon petit. Voudras-tu me remplacer à chasser les limaces, tandis que je cueille les haricots ? Voilà un vieux pot qui fera bien l'affaire...

Le garçon n'est pas friand* de ce petit travail. Attraper à mains nues les limaces baveuses qui se cachent sous les feuilles et les entasser dans

* Ne pas être friand, c'est ne pas aimer beaucoup, ne pas avoir du plaisir.

une boîte rouillée, ce n'est ni très amusant ni très appétissant, même pour un habitué. Mais comment refuser à Germaine, qui lui a offert une banquette pour la nuit ?

– Te voilà tout beau, mon garçon, avec ta chemisette blanche ! le complimente-t-elle. Et ton pansement ? Est-ce qu'il tient toujours bien à ton mollet ?

– Oui, madame, l'assure Jeannot avant d'aller vérifier par lui-même en se tordant le pied.

– Est-ce que tu as encore mal ?

– Ça me pique un peu...

– Ça passera vite, mon bonhomme. Avant huit jours, il n'y paraîtra plus, si tu es bien raisonnable. Combien as-tu de limaces ?

Jeannot n'en a pas la moindre idée. Il plante son nez au-dessus de la boîte et déclare avec assurance :

– Dix, peut-être douze... Qu'est-ce que j'en fais ?

– Laisse-les là et retourne à la cuisine avec cette salade. Elle fera notre affaire à midi.

Jeannot pose la boîte sans rien savoir de l'avenir de ces pauvres limaces et rentre, tenant sa laitue comme on tient un gâteau.

Dans la maison, Marcel et Suzanne sont

encore à palabrer*. Voyant son fils approcher, la mère s'interrompt.

– Viens t'asseoir une minute, demande-t-elle.

L'enfant pose sa salade sur la paillasse près de l'évier et prend place en bout de table.

– Voilà, Jeannot, ce que nous avons décidé : étant donné notre situation, nous allons devoir te placer quelques jours, le temps de nous organiser...

Le petit Jean fronce les sourcils.

– Me placer ? s'inquiète-t-il.

– Oui, avec ton père, nous avons décidé de te confier quelque temps à ta marraine...

– Tante Madeleine ?

– Oui, ta tante Madeleine, ne fais pas le sot ! Elle vit à Paris dans un bel appartement, comme tu sais...

– Je ne m'en souviens plus...

– Mais si, gros bêta ! Dans la rue des Martyrs ! Nous y sommes allés plusieurs fois avant guerre...

– J'étais petit... Je ne me rappelle plus.

Jeannot se sent soudain des fourmillements dans les pieds, comme chaque fois qu'il se trouve désorienté.

---

* Palabrer, c'est discuter, parler longuement.

– Est-ce qu'elle est gentille, tante Madeleine ? s'inquiète-t-il.

– Voyons, Jeannot ! intervient le père. Elle est ta marraine, et, en plus, elle est ma grande sœur. Elle n'est plus très jeune, mais c'est une crème de femme.

– Avec tonton René ?

– Oui, avec son mari tonton René, et la grand-mère...

– La grand-mère ?

– La mère de tonton René, Jeannot. Voyons...

– Je ne me souviens plus... Ça fait si longtemps !

– Il a raison, Marcel, admet Suzanne après un instant de réflexion. Nous ne sommes pas retournés chez eux depuis... le printemps 39 ! Jeannot avait... à peine cinq ans !

– Eh bien, ce sera pour eux une bonne occasion de refaire connaissance ! déclare Marcel en se levant. Pour l'heure, je m'en vais essayer de garnir cette petite valise avec quelques affaires pour le gamin.

– De mon côté, j'irai remplir un panier de légumes pour la tante, décide Suzanne.

– Tu lui mettras aussi une poule ou un lapin. Elle sera bien contente ! Et une conserve de prunes que tu prendras dans la cave !

Le père reparti à la recherche de vêtements dans la maison délabrée, la mère le suit de près en direction de son potager, non sans avoir laissé à son fils quelques consignes :

– Attends Germaine bien sagement, Jeannot. Aide-la à écosser les haricots quand elle reviendra de son jardin...

– Oui, maman, répond l'enfant en balançant ses jambes sous sa chaise.

Voilà le petit Jean laissé seul. Les coudes sur la table froide et la tête dans les mains, il rêvasse en regardant sans les voir les mouches du plafond. Il pense à la tante Madeleine dont il n'a qu'un vague souvenir, au tonton René qu'il connaît à peine, à la grand-mère qu'il n'a jamais vue.

Pour la première fois, la guerre le rattrape, détruisant sa maison et bouleversant ainsi sa vie presque insouciante de petit garçon...

Germaine revient bientôt, un bon panier de haricots sous le bras, suivie par son Jules de mari.

– Tu es là tout seul ? s'étonne Germaine.

– Papa est retourné chercher des affaires et maman est allée à son potager... Ils veulent m'envoyer à Paris.

– À Paris ? Quelle chance tu as, mon petit !

J'ai toujours rêvé d'habiter à Paris !

– Paris... Paris..., gronde Jules. Est-ce qu'ils peuvent faire pousser leurs patates sur les trottoirs, les Parisiens ? Élever des poules ou des canards ?

– Non, Jules. Ce que je veux dire...

– Crois-moi, Germaine, par les temps qui courent, il n'y a pas plus heureux que nous qui sommes presque à la campagne ! Mais pour le petit, ce sera bien pour quelque temps. Chez qui iras-tu ?

– Chez ma tante Madeleine, précise l'enfant.

– Elle habite loin d'une gare, au moins, ta tante Madeleine ?

– Je ne sais pas. Il y a des gares, à Paris ?

– Des gares ? Tu veux rire, Jeannot ! Il y en a plein !

Voilà qui n'est pas pour rassurer Jeannot. Si même à Paris il y a des gares, plein de gares, pourquoi donc l'y envoie-t-on ?

– Allons, aide-moi, Jeannot. Il y a tout ce panier de haricots à écosser ! demande Germaine.

4

Vers Paris

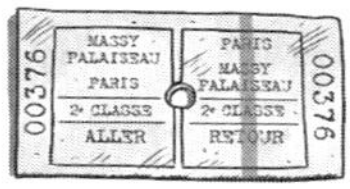

À la fin du rapide repas partagé avec les Filotin, Marcel pose la main sur l'épaule de son fils et déclare avec un brin de gravité :

– Allez, Jeannot. Il est l'heure de partir. Ta maman et toi avez un train pour Paris à 14 h 17, en principe.

– Croyez-vous, Marcel, que les trains circuleront aujourd'hui ? s'inquiète Jules. Après les bombardements de la nuit sur Massy-Palaiseau...

– Nous verrons bien, Jules. Mais la gare de Massy-Palaiseau est au-delà de la nôtre, comme vous le savez. Parions que les trains pourront au moins atteindre celle de Massy-Verrières qui nous intéresse.

– Tu dis au revoir à nos gentils voisins, Jeannot ? suggère Suzanne en attrapant son panier.

Le garçon tend une main timide à Jules, puis sa joue à Germaine qui se penche en souriant.

– Au revoir et merci pour le bon déjeuner, leur dit-il dans un sourire.

– À bientôt, mon garçon, lui répond madame Filotin tout émue. Ne nous oublie pas trop vite... quand tu seras un petit Parisien !

Marcel prend en main la valise et presse son petit monde :

– Allons, allons, dit-il, un peu agacé. Vous allez rater le train ! Je vous accompagne jusqu'à la gare. Passe donc devant, Suzanne...

La petite famille Laigle se hâte sur le chemin de la gare. Il n'y a guère plus d'un kilomètre à parcourir, en légère et constante* montée.

La rue du Pont-de-Pierre, qui se faufile sous le viaduc bombardé lui aussi dans la nuit, est encombrée de gravats et coupée à la circulation. Par chance, le gendarme qui est là, en faction**, laisse passer les piétons.

– Merci, monsieur le gendarme, dit Marcel

---

* Constante signifie continue, qui n'arrête pas.

** Être en faction, c'est être en garde, en surveillance.

en soulevant le coin de sa casquette, soulagé de n'avoir pas à rebrousser chemin.

– Sans ce petit passage, nous aurions sans doute raté le train, précise Suzanne. Jeannot, ne rêve pas le nez en l'air et regarde où tu mets les pieds. Tu vas encore tomber et te blesser !

Si le petit Jean semble rêvasser, c'est qu'il ne peut quitter des yeux le trou béant laissé par la bombe sur le côté du pont. Au-dessus de sa tête, l'enfant voit comme la morsure laissée par les dents d'un géant dans un énorme biscuit.

– Presse-toi, Jeannot ! grogne Marcel.

Dix minutes passent encore et voilà enfin la gare de Massy-Verrières. À la file, le trio grimpe l'escalier qui mène au quai. Un contrôleur est là, près du portillon, discutant avec le poinçonneur*.

– Pressez-vous, messieurs-dames ! invite le contrôleur. Le train va partir d'ici deux minutes !

Une rame est là, en effet, qui attend le départ le long du quai. Marcel confie la petite valise à son fiston et le pousse vers le portillon.

– Allez allez, Jeannot ! Va avec ta maman !

Puis il ajoute, avec un signe de la main :

---

* Le poinçonneur était un agent de la compagnie de chemin de fer qui, à l'époque, attendait le voyageur à l'entrée du quai et perçait son ticket avec un petit appareil, la poinçonneuse.

– À bientôt, mon garçon ! Sois bien gentil avec la tante Madeleine !

Suzanne tend deux tickets au poinçonneur puis file vers le wagon le plus proche, son gros panier d'une main et le bras de son garçon dans l'autre.

Une sonnerie retentit et les portes claquent. La rame grise s'ébranle lentement. Suzanne trouve un coin de banquette et s'y affale, tandis que Jeannot cherche en vain un strapontin*.

– Jeannot, tiens bien ta valise, conseille Suzanne. Il ne manquerait plus que tu l'oublies dans le train !

– Oui, maman ! lâche l'enfant, un peu agacé.

Resté debout, accroché à une barre et sa valise calée entre ses pieds, le garçon est coincé entre deux hommes qui lisent en silence le *Paris-Soir*** du jour en fumant des cigarettes.

Les stations défilent avec lenteur. Antony, Bourg-la-Reine... Des voyageurs montent, d'autres descendent, se croisent en silence.

Chaque fois, le garçon se pousse, recule, avance ou se tortille pour laisser le passage. Plus

---

* Un strapontin est un petit siège dont le battant se replie s'il n'est pas utilisé. On en trouve dans les trains, dans certaines salles de cinéma...

** *Paris-Soir* était un journal qui paraissait à l'époque.

le train approche de Paris, moins Jeannot a de place pour ses pieds.

Mais le temps finit par passer et le trajet se termine. La rame se vide en un instant.

– « Luxembourg », c'est le terminus ! explique Suzanne en se précipitant au-dehors. N'oublie pas ta valise, Jeannot !

L'enfant n'oublie pas. Il saute à son tour sur le quai, son bagage dans la main droite pour éviter de se râper le mollet gauche enrubanné* dans son bandage.

Un long escalier les mène à l'air libre.

– Tu y es, Jeannot ? s'impatiente Suzanne.

– J'arrive, j'arrive ! répond l'enfant en tirant la langue, le bras tendu par la valise qui cogne à chaque marche.

Le boulevard Saint-Michel s'ouvre devant eux, descendant lentement vers la Seine entre deux rangées de platanes aux feuilles toutes neuves.

Déjà Suzanne trotte d'un pas pressé comme une vraie Parisienne et Jeannot peine à la suivre. Sur le trottoir encombré, il se déhanche sous le poids de sa valise en carton bouilli et se faufile entre les passants, attentif à ne pas perdre sa

* Enrubanné, c'est comme entouré, enveloppé d'un ruban.

mère des yeux, à ne pas heurter les gens avec son bagage ni à se blesser à nouveau le mollet.

Suzanne se retourne sans cesse et demande invariablement* :

– Tu y es, Jeannot ?

Le pauvre garçon peine. Tous ces gens qui vont, qui viennent, qui se pressent on ne sait pourquoi et cette méchante valise qui l'encombre ! Pourquoi donc est-elle si lourde ?

– Tu y es, Jeannot ?

Devant le Palais de Justice entouré de barbelés, une colonne de blindés allemands remonte le boulevard dans un vacarme assourdissant. Le garçon se fige** un instant, fasciné et inquiet.

Depuis le temps qu'il entend parler de la guerre et des Allemands sans voir le moindre casque ! Bien sûr, la nuit dernière, il a entendu des avions, des obus siffler, des bombes éclater. Il a vu sa maison s'écrouler, et on lui a parlé des Anglais...

Jeannot n'y comprend rien. On est en guerre contre les Allemands et ce sont les Anglais qui bombardent ?

La main ferme et impatiente de sa mère vient lui prendre le bras et l'entraîne à petits pas rapides

---

* Invariablement signifie sans rien changer à sa question.

** Se figer, c'est s'immobiliser.

vers le Pont-au-Change qui enjambe le fleuve.

– Donne-moi ta valise, Jeannot, dit enfin Suzanne au bas de la rue Montmartre. Tu traînes trop !

L'enfant ne se fait pas prier. La traversée du quartier des Halles, avec ses trottoirs étroits et encombrés, a été bien pénible.

– On arrive bientôt chez tante Madeleine ? demande-t-il, inquiet et fourbu.

– Bientôt ! répond sa mère sans donner la moindre précision. Mais qu'est-ce que tu as à te dandiner comme un canard ?

– J'ai mal aux pieds, maman !

– Ah, tu es bien douillet, mon garçon !

– C'est à cause de mes sandales, maman !

– Tes sandales sont presque neuves, Jeannot. Comment peuvent-elles te faire mal ?

– Les sangles me frottent les talons et j'ai attrapé des ampoules, maman ! Et mes semelles en bois...

– Des ampoules ! se plaint Suzanne. Il faudra pourtant bien continuer d'avancer !

Jeannot, pieds nus dans ses sandales de cuir, marche comme sur un tapis de braises. La peau à vif de ses talons le brûle et chaque pas est un petit supplice. Tant qu'à la fin, n'y tenant plus, il se déchausse et repart, ses sandales à la main.

– Que fais-tu donc ? s'indigne sa mère. Tu ne vas tout de même pas marcher pieds nus en pleine ville comme un petit paysan ?

Mais l'enfant ne répond pas et s'entête. Tant pis si on le prend pour un petit paysan, tant pis si les passants se retournent sur son passage et le regardent, tantôt étonnés, tantôt amusés. Jeannot se sent si bien, maintenant.

– Voilà la rue des Martyrs, Jeannot, annonce enfin Suzanne, le sourire sur les lèvres. Pourvu que ta marraine soit chez elle !

L'enfant devine à cet instant qu'on ne les attend pas.

5

Rue des Martyrs

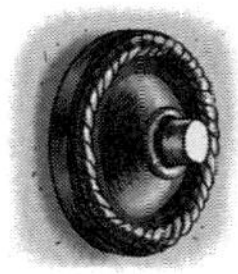

Bientôt, Suzanne pose la valise, presse sur une sonnette et pousse une lourde porte.

– Entre, Jeannot ! dit-elle, impatiente.

L'enfant s'engouffre sous le porche.

– Qu'est-ce qu'il fait sombre, ici ! s'étonne-t-il.

– Avance donc ! L'escalier est là, sur la gauche. On monte jusqu'au troisième.

Jeannot n'était jamais venu à Paris. Ou bien, s'il y est venu, c'était il y a si longtemps qu'il ne s'en souvient pas. Il n'était jamais entré dans un immeuble. Ou bien, s'il y est entré un jour, c'était lorsqu'il était si petit qu'il ne se rappelle pas.

Alors, à cet instant, à grimper derrière sa mère cet escalier étroit, les pieds nus et sales sur le petit tapis qui serpente le long des marches, il se sent comme dans un autre monde.

Sur le palier du troisième, il y a quatre portes et quatre sonnettes. Suzanne hésite un peu et vérifie les noms sur les étiquettes. Elle n'est pas venue depuis si longtemps !

– Ah, voilà ! C'est bien là ! annonce-t-elle dans un large sourire. Je te laisse sonner, Jeannot !

Le garçon regarde sa maman, l'œil inquiet.

– Allons, sonne donc ! insiste-t-elle.

Jeannot tend son index et donne un petit coup sur la sonnette, comme il a vu opérer sa mère pour le porche d'en bas.

Il entend une sonnerie sourde de l'autre côté de la porte et attend, anxieux, dans le silence.

– Sonne encore, Jeannot. Plus fort...

Cette fois, il appuie plus fermement sur le petit bouton blanc et la sonnette grésille longuement. Des pas se pressent soudain à l'intérieur et Jeannot entend les craquements du plancher. La porte s'ouvre. Un homme apparaît, le visage barré d'une belle moustache.

– Oui ? demande-t-il en entrouvrant la porte sur le ton agacé d'une personne que l'on dérange. Oh mais... C'est notre Suzanne ! Oh ! Eh bien, si je m'attendais !

– Bonjour, René..., murmure Suzanne.

Laissant Jeannot, qu'il n'a pas vu, et sa mère plantés sur le palier, voilà le René qui se retourne et appelle :

– Madeleine ! Viens donc ! Viens voir qui est là !

De nouveaux pas font crisser le plancher. C'est Madeleine qui accourt.

– Ah ! Oh ! Suzanne ! Quelle surprise ! Te voici ! Entre vite !... René, tu aurais pu la faire entrer ! Mais... qui je vois là ? C'est ton petit Jeannot ? Oh, je ne l'aurais pas reconnu ! Comme il a grandi ! Entre aussi, mon petit ! Entre donc !

Jeannot, tout intimidé et ne sachant plus s'il est grand ou petit, entre chez Madeleine et René comme on pénètre dans un lieu plein de mystères.

– Venez donc vous asseoir avec nous dans le salon, propose Madeleine. Vous allez nous raconter...

– J'ai apporté quelques légumes, dit Suzanne après avoir posé la valisette dans un recoin du couloir.

– C'est si gentil ! remercie Madeleine.

– Et un lapin tout préparé...

– Merci, Suzanne. Un grand merci ! Nous n'en avons pas mangé depuis cinq ans ! C'est magnifique !

Puis tante Madeleine se tourne vers le garçonnet qui se tortille devant la porte du salon, impressionné par tant de beaux meubles et tant de jolis bibelots.

– Et toi, mon petit ? Raconte ! En quelle classe es-tu donc, maintenant ?

– En septième*, répond l'enfant timidement, un peu fâché qu'une fois de plus on ne s'intéresse à lui que pour lui demander son niveau de classe ou la hauteur de ses notes.

– Eh oui, explique Suzanne fièrement. Jean travaille très bien et il a un an d'avance !

– Dire que la dernière fois que l'on t'a vu, avec tonton René, tu venais d'entrer en onzième** ! Mais...

Tante Madeleine, à cet instant, se rend compte que quelque chose ne tourne pas rond. Toute à la surprise de voir débarquer chez elle sa jeune belle-sœur et son fiston après tant d'années, elle s'était enfermée dans la joie des retrouvailles...

– Mais... tu n'as donc pas de cours, aujourd'hui ?

L'enfant, perturbé par les événements de la nuit, n'avait, de son côté, pas pensé une seconde à

---

* La septième, c'est le CM2 d'aujourd'hui.

** La onzième est donc le CP.

son école, ni au fait qu'en principe le mardi est un jour de classe.

– Si si, mais...

– Il faut que je vous dise, Madeleine et René, reprend Suzanne en s'asseyant sur le bord d'un fauteuil.

– Oui, dis-nous, encourage René. Que se passe-t-il ?

Et Suzanne de raconter d'une traite* la sirène, l'alerte en pleine nuit, la descente au sous-sol, l'attaque des avions, le sifflement des obus, la maison qui s'écroule. Et d'expliquer la fuite dans le jardin par la petite porte de la cave, puis chez les voisins, les gentils Filotin, la nuit passée chez eux...

– Voilà pourquoi nous avons pensé, avec Marcel, qu'il fallait trouver un toit pour notre Jeannot, et le mettre à l'abri pour le cas où il y aurait d'autres bombardements dans les jours qui viennent...

– Je comprends, approuve Madeleine.

– Aussi, si je pouvais... si je pouvais vous le confier pendant quelques jours...

Madeleine, le visage blême**, tourne à cet

---

* D'une traite veut dire d'un coup, en une seule fois.

** Blême, c'est pâle, blanc.

instant un regard inquiet vers son mari. Cette demande inattendue semble la troubler et Jeannot, qui est resté debout près de sa mère, se tortille les doigts derrière le dos tout en essayant comme il le peut de cacher ses pieds sales que, par bonheur, personne n'a encore vus.

– Ma pauvre Suzanne, intervient René, c'est que pour nous, les choses sont un peu... compliquées, en ce moment. Tu comprends, on a la mémé qui ne marche presque plus et puis...

Le visage de Suzanne rosit à nouveau.

– Bon, on va tout de même essayer de lui faire une petite place, décide Madeleine. Après tout, il n'est pas si épais que cela, notre petit filleul. N'est-ce pas, Jeannot ?

Jeannot hoche la tête timidement tandis que sa mère retrouve un pâle sourire.

– C'est bien vrai ? Vous pourriez ? demande-t-elle encore, à demi-rassurée.

– Oui, oui, tranquillise-toi, Suzanne. Même si ce n'est pas très facile pour nous, nous allons prendre soin de ton Jeannot. Au moins, tu lui as pris quelques affaires ?

– Il a une petite valise, là, dans l'entrée...

– Parfait ! On l'installera dans la chambre de ses cousins, qui est vide depuis si longtemps...

– C'est bien gentil de votre part, remercie Suzanne tout à fait soulagée. Quelles nouvelles avez-vous de vos garçons ?

– L'aîné, Alain, est toujours prisonnier en Allemagne, explique Madeleine. Nous n'avons pas reçu de lettre de lui depuis plus de trois mois... Cela va bientôt faire quatre ans qu'on ne l'a pas vu...

– Quatre ans ! répète René. Quatre ans !

– Quant au second, Charles, il est parti le lendemain de ses vingt ans, il y a quatre mois.

– Il voulait aller en Espagne, explique René, puis trouver un bateau pour rejoindre l'Angleterre et s'engager aux côtés des Alliés*, mais nous ne savons toujours pas s'il a réussi à passer...

– Un de ses amis, resté à Paris, doit nous donner des nouvelles dès qu'il le pourra, reprend Madeleine. Nous attendons...

– La vie est difficile pour tout le monde, dit Suzanne en baissant la tête. Tellement difficile !

Tante Madeleine soupire profondément puis se reprend :

– Bon, dit-elle. Pour l'instant, il s'agit de notre

---

* Les Alliés étaient les forces militaires rassemblées en Angleterre et unies contre l'Allemagne (Les États-Unis, l'Angleterre, le Canada, la France « libre » du général de Gaulle).

petit Jeannot. Rentre bien tranquille, Suzanne, et rassure Marcel. Nous allons prendre bien soin de lui. N'est-ce pas, Jeannot ?

L'enfant, toujours muet de timidité, baisse la tête et se tait, incapable de savoir s'il est heureux de venir habiter, entre des murs bien solides, chez sa marraine qu'il connaît à peine ou s'il aurait préféré rester avec ses parents et dormir des nuits entières sur une méchante banquette en bois dans la maison des Filotin.

Madeleine et René raccompagnent à la porte la pauvre Suzanne qui tient un long moment son garçon serré contre elle avant de disparaître dans l'escalier, son panier vide sous le bras. Jeannot se précipite à la fenêtre et la suit des yeux aussi longtemps qu'il peut...

6

Tante Madeleine

Tandis que, le nez collé contre la vitre embuée*, Jeannot tente encore d'apercevoir sa mère dans la foule qui se presse en bas sur le trottoir, il entend derrière lui des bruits de voix étouffées.

Le garçon se retourne et aperçoit sa marraine et l'oncle René, restés debout face à face dans l'entrée, discuter âprement** à mi-voix.

Aussi reste-t-il un moment à s'intéresser au dehors, même si depuis longtemps il n'a plus rien à regarder.

– Viens donc, mon petit, dit enfin Madeleine à l'enfant qui accourt. Voyons ce que tu as là

* La vitre embuée : la respiration de l'enfant laisse de la buée sur le carreau.

** Âprement veut dire durement.

dans ta petite valise ! Oh, mais voilà que tu marches pieds nus !

– Oui, marraine, admet Jeannot comme s'il était pris en faute. C'est à cause de mes sandales qui me blessent les talons...

– Et tu cours sur mes tapis avec tes pieds tout noirs ! Ah, mon garçon, viens un peu là que je t'inspecte ! Et ce gros pansement que tu as à la jambe ?

Jeannot raconte sa chute dans les gravats de la maison écroulée, les débris du plancher, le clou qui lui déchire le mollet...

– Eh bien ! Eh bien ! se lamente Madeleine en soupirant. La guerre n'épargne donc personne!

– Ce n'est pas très grave, affirme l'enfant.

– Tout de même... Viens avec moi un moment.

Madeleine entraîne son petit protégé vers la salle de bains. C'est une grande pièce sombre, équipée d'une grande baignoire et d'un lavabo sur pied. Jeannot regarde tout cela avec étonnement. Devant son air surpris, Madeleine l'interroge :

– Tu n'as donc jamais vu de salle de bains ?

– Non, répond l'enfant. Chez nous, il n'y a que... Il n'y avait qu'un bac en zinc qu'on rangeait dans un coin... Ou, pour se débarbouiller, l'évier de la cuisine.

– Je vais faire chauffer un peu d'eau sur le réchaud, car il n'y a pas de gaz en ce moment. Pendant ce temps, pose tes habits en tas sur ce lavabo. Je te les laverai ce soir après dîner...

Sa marraine partie avec un broc* en direction de la cuisine, Jeannot quitte ses vêtements avec lenteur. Puis, le temps passant, il s'assoit nu sur le tabouret blanc et attend, tout occupé en se penchant à contempler avec dégoût le noir de la plante de ses pieds.

– Voilà de l'eau bien chaude, mon garçon ! dit Madeleine, revenant avec son broc fumant. Écarte-toi un instant, que je n'aille pas te brûler avec mon eau bouillante !

La voilà qui remplit le fond de la baignoire, qui y trempe son doigt et qui, après une grimace, ajoute un peu d'eau froide prise au robinet.

– Entre donc là-dedans, maintenant ! Et surtout, reste bien debout pour ne pas mouiller ton mollet !

Sa marraine lui ôte son pansement et Jeannot, tout gêné d'être traité comme un bambin, se laisse savonner sans rien dire, espérant seulement que personne ne passera devant la porte restée grande ouverte.

---

* Un broc est un grand récipient destiné à contenir de l'eau.

– Allez, hop ! Tu peux sortir, maintenant, mon garçon. Et grimper sur ce tabouret, que je puisse te frictionner avec la serviette...

Jeannot ne bronche* pas et obéit en silence. Perché sur le tabouret, il se laisse faire, gentiment secoué entre les mains énergiques de tante Madeleine.

– J'ai regardé dans ta valise et j'ai vu que tes affaires étaient bien sales, commence-t-elle.

– Papa les a récupérées dans la maison écroulée, marraine, explique Jeannot timidement, comme s'il avait à s'excuser.

– Aussi, pour l'instant, tu vas te mettre sur le dos une chemise de ton cousin Charles... Je vais aussi te prêter une paire de ses chaussons.

La chemise blanche du cousin lui pend jusqu'aux genoux et il pourrait mettre deux pieds dans chacune des pantoufles, mais l'enfant ne dit mot. Il se trouve seulement extrêmement ridicule, mais une fois de plus, il s'accroche à l'espoir que personne ne le verra dans cet accoutrement**.

Mais alors qu'il se dirige vers la cuisine à la suite de sa marraine, il croise l'oncle René qui le toise*** :

---

* Il ne bronche pas signifie qu'il ne proteste pas.

** Un accoutrement est une sorte de déguisement, une tenue bizarre.

***Toiser, c'est observer, regarder attentivement, examiner.

– Regardez-moi ce gamin-là, déguisé en petit fantôme ! se moque le tonton, l'œil amusé, en lui passant la main dans ses cheveux humides.

Et Jeannot se tait encore, occupé à traîner ses pieds sur le plancher pour ne pas perdre ses pantoufles.

Dans la cuisine, l'enfant doit à nouveau grimper sur un tabouret, le temps de lui passer à l'alcool les cloques percées des ampoules qu'il a aux talons et la blessure qu'il s'est faite au mollet.

– Ça pique fort, marraine ! se plaint-il à voix basse tout en secouant ses mains.

– Eh oui, ça pique fort, mon garçon, admet marraine Madeleine tout en continuant à badigeonner. Voilà. Ce sera tout. On n'y touche plus avant demain !

Enfin délivré de ses petites tortures pour quelques heures – c'est en tout cas ce qu'il espère –, Jeannot saute de son perchoir sur le carrelage à damier rose et blanc et perd ses pantoufles qui ne tiennent pas plus à ses pieds qu'un oiseau à une branche.

– Je vais faire chauffer la soupe, maintenant, dit Madeleine. Toi, Jeannot, va voir ton oncle un moment...

À pas glissés sur le parquet ciré, l'enfant part vers le salon à la recherche de tonton René. Il le trouve, assis sur une chaise, l'oreille collée à la TSF*.

– Tonton René...

– Chut ! Attends ! se fâche l'oncle qui ne semble pas du tout vouloir être dérangé pour le moment.

Ce poste chuinte et grésille, tout autant que celui des parents de Jeannot. Une mauvaise petite musique tente de couvrir les paroles, et l'enfant comprend pourquoi les grandes personnes écoutent l'oreille au plus près du poste.

Pourtant, quelque chose l'étonne énormément : puisqu'il suffit de tourner le gros bouton de droite, là, et de faire glisser la petite barre dans le rectangle éclairé du poste pour avoir un son de qualité, des jolies chansons et tout ce qu'il faut, pourquoi donc certaines personnes s'obstinent-elles à écouter des émissions qui font mal aux oreilles et où l'on n'entend que la moitié de ce qui est dit ?

« Quand il aura éteint le poste, je demanderai à tonton », se dit Jeannot bien décidé à enfin éclaircir ce mystère.

Soudainement, l'oncle René se redresse sur sa

* La TSF est l'ancien nom pour un poste radio. C'était un appareil de grande taille.

chaise et tourne le gros bouton du poste. Enfin, maintenant, vient de la vraie musique, sans grésillements, sans crépitements, sans rien pour casser les tympans.

Jeannot soupire, rassuré, constatant avec bonheur que l'oncle René aime aussi la radio qui passe des jolies rengaines*. Il reconnaît une chanson de Charles Trénet, que maman Suzanne accompagne souvent avec sa jolie voix quand elle l'entend dans le poste, puis une autre de Maurice Chevalier, puis ...

– À table ! lance la joyeuse voix de tante Madeleine depuis la cuisine.

– Viens avec moi, dit l'oncle René à l'enfant qui se sent soudain une bonne faim.

Jeannot s'assoit à la place que lui montre la tante Madeleine. Devant lui, une assiette fume. Dans l'attente de pouvoir y tremper sa cuillère, il jette un œil alentour et voit, sur la paillasse de l'évier, un plateau sur lequel sont disposés deux bols fumants de soupe aux pois, deux tranches de pain et deux pommes.

– C'est pour qui, marraine ? demande-t-il.

– C'est pour la mémé, mon garçon. Elle reste

---

* Une rengaine est une chanson qu'on entend ou qu'on chante très souvent.

dîner dans sa chambre, ce soir. Elle est très fatiguée...

– Elle doit avoir bon appétit ! commente l'enfant étonné. Je la verrai, demain ?

– Sans doute... Mais tu sais, elle est très âgée et on ne doit pas la déranger. Tu entends bien : il est totalement interdit d'aller la trouver dans sa chambre.

– Totalement in-ter-dit ! répète l'oncle René en serrant le poing. Allons, mange ta soupe, petit ! Moi, je vais porter le plateau à mémé...

Trois minutes plus tard, le voilà qui revient, qui s'installe et qui dit tout en glissant un coin de sa grande serviette dans l'échancrure* de sa chemise :

– J'ai dit à la grand-mère que tu étais là. Elle t'embrasse, mon garçon ! Tu la verras demain !

Jeannot sourit tout en se demandant bien à qui ou à quoi ressemble la mémé...

---

* Une échancrure est une fente, une ouverture.

7

La chambre des cousins

Après le dîner, Madeleine accompagne Jeannot vers la chambre qui sera la sienne pour quelques jours : la chambre des grands cousins. En chemin, elle lui indique les « petits coins », qui sont dans le couloir juste après la salle de bains, l'invitant à l'occasion à aller y faire un tour avant de dormir.

Jeannot s'y précipite aussitôt, n'ayant osé, depuis son arrivée, demander après cet endroit-là. Puis il rejoint sa marraine restée à l'attendre devant la porte de la chambre.

L'endroit est meublé d'une grande armoire garnie d'un miroir, de deux lits qui se font face de part et d'autre de l'armoire, d'une petite table vide et propre sous laquelle est glissée une chaise. Un tapis carré habille le plancher au milieu de la pièce.

Jeannot se sent tout intimidé de passer, pour la première fois, une nuit en plein Paris, dans une chambre inconnue et, de surcroît*, dans le lit d'un cousin dont il n'a pas le souvenir.

– Prendras-tu le lit d'Alain ou bien celui de Charles ? demande marraine Madeleine.

– Euh..., lâche l'enfant qui n'en sait rien. N'importe... Comme vous voudrez, marraine...

– Bon. Prends donc celui d'Alain. J'ai peur qu'on ne le voie pas encore rentrer cette nuit, malheureusement...

– Alain, c'est le grand qui est prisonnier ? demande le garçon qui n'est plus très sûr de se souvenir de ce qui a été dit.

– Oui. C'est notre aîné. Prisonnier en Allemagne depuis quatre ans ! rappelle Madeleine en venant s'asseoir sur le bord du lit.

Jeannot flotte dans sa chemise trop grande qui lui donne l'air d'un « petit fantôme » et il peine à se glisser sous les draps sans s'y entortiller.

– Te rends-tu compte, mon garçon ? Quelques semaines à faire le soldat et puis... Mon pauvre Alain !

---

* « De surcroît » signifie « de plus », « en plus ».

– Oui, marraine, approuve Jeannot, attristé de la tristesse de Madeleine.

– Dors bien maintenant, mon garçon. Ne pense plus à tout cela... À demain.

Madeleine pose sur le front de l'enfant un long baiser sonore puis s'éloigne, en silence, sans se retourner.

La lumière éteinte et la porte refermée, un peu de la clarté du jour finissant traverse les persiennes*. Jeannot croise ses doigts derrière sa tête et fixe le plafond gris, les yeux écarquillés.

Il pense à maman Suzanne qui l'a laissé ici, à la maison écroulée, à papa Marcel qui est resté pour vider les ruines de ce qu'il pourra sauver de leurs petits trésors, aux Filotin et aux limaces du jardin, à sa coupure au mollet, aux sandales qui blessent et à ses ampoules aux talons, à l'alcool-qui-pique sur les plaies et au plateau bien garni de la mémé, à la soupe épaisse aux pois cassés qui n'a pas suffi à le rassasier... Puis il s'endort doucement, sans s'en rendre compte le moins du monde...

Au matin, Jeannot s'éveille au bruit de la fenêtre qui s'ouvre en forçant et à la lumière qui

---

* Les persiennes sont des volets à lattes.

s'engouffre à flots. C'est tonton René qui est là, le sourire aux lèvres.

– Holà, debout, joyeuse troupe ! clame-t-il, faisant mine de souffler dans une trompette.

Le garçon frotte ses yeux, bâille et s'étire.

– Bonjour, tonton René, dit-il d'une voix molle.

– Bonjour, galopin ! As-tu bien dormi ?

– Oui, tonton René.

– À la bonne heure* ! Alors, ne traîne pas, garnement, tu as un rendez-vous.

– Un rendez-vous, tonton ?

– Exactement. Un rendez-vous très important !

– Alors, s'inquiète Jeannot brusquement, il faut que je m'habille en vitesse !

– Inutile, moussaillon ! Tu as rendez-vous avec mémé Marthe qui acceptera certainement que tu te présentes pour une fois devant elle dans ta petite tenue de nuit.

Jeannot saute donc du lit, cherche ses pantoufles, ne les trouve pas, s'accroupit pour regarder sous le lit et les trouve sous l'armoire. Il les enfile et, glissant sur le plancher ciré comme il a appris à le faire pour ne pas les perdre en chemin, il suit en chemise tonton René jusque dans la cuisine.

---

* « À la bonne heure ! » veut dire « tant mieux ! ».

Au bout de la table, installée sur un petit fauteuil et calée dans des coussins, une vieille dame aux cheveux très blancs le regarde venir, triste et souriante à la fois.

Jeannot à nouveau se sent rosir, intimidé cette fois par le grand âge de la grand-mère et par le regard tendre dont elle l'enveloppe.

– Voilà mémé Marthe, mon garçon, annonce René. Est-ce que tu la reconnais ?

– Oui, non, je... bredouille l'enfant qui ne sait que répondre et qui, pour faire bonne figure, vient embrasser sa marraine.

– Et mémé Marthe ? demande Madeleine, un doux sourire au coin des lèvres. Aura-t-elle droit elle aussi à un baiser ?

– Je suis la maman de René, mon biquet, explique Marthe d'une voix forcée, oubliant que c'est elle qui entend mal et qu'il est inutile de parler fort.

Jeannot hoche la tête et s'approche d'elle, puis esquisse* un baiser sur la joue ridée de la mémé.

– Assieds-toi donc, conseille tonton René. Tu as là une belle tranche de pain et des petites prunes

---

* Esquisser, c'est faire le geste, faire presque, faire comme si...

en conserve que ta maman nous a laissées hier.

– Tu as dormi comme un loir, mon garçon ! commente encore marraine Madeleine. Sais-tu au moins quelle heure il peut être ?

– Non... euh..., balbutie Jeannot qui bien sûr n'a pas de montre et qui se sent pris en faute.

– Huit heures et demie passées, garnement ! précise l'oncle René. Mémé, elle, ça fait plus de deux heures qu'elle est levée !

L'enfant se tourne vers la grand-mère et lui sourit, comme pour la féliciter d'être si tôt levée. Mais Madeleine revient aux choses sérieuses :

– Tu trouveras, près du lavabo, un gant et une serviette blanche. Ils sont pour toi. Quand tu te seras frotté le museau, tu iras faire ton lit bien comme il faut. Pendant ce temps, je repasserai tes petites affaires propres qui ont séché pendant la nuit...

À ces mots, Jeannot comprend qu'il a assez tardé et qu'il est de bon ton de finir sa tartine sur le chemin de la salle de bains. Il quitte donc la table et trotte dans le couloir en oubliant de glisser. Il perd en route une pantoufle, puis l'autre, et se retrouve pieds nus sur le carrelage froid devant le lavabo.

Seule l'eau froide coule du robinet et il se

dit qu'à Paris comme chez lui à Verrières, l'eau chaude ne fait plus partie que des vieux souvenirs.

Le débarbouillage est donc rapide, comme l'est aussi la mise en ordre de la literie dans la chambre des cousins absents. Le voilà déjà de retour à la cuisine, toujours dans sa grande chemise blanche et fripée*, ses chaussons indociles** récupérés au passage.

Tante Madeleine a posé en équilibre sur le dossier d'une chaise les vêtements repassés de Jeannot. Tout en continuant son repassage avec son vieux fer chauffé sur la plaque de la cuisinière, elle les montre du menton à l'enfant qui comprend qu'il peut s'en habiller.

Devant la mémé, toujours calée dans son fauteuil, qui ne le quitte pas des yeux, il laisse là sa chemise et passe en hâte ses habits.

– Tu rangeras cette chemise sur ton lit, Jeannot, décide la tante Madeleine. Puisque tu l'as portée une nuit, tu la garderas bien quelques autres. Les temps ne sont pas à gaspiller la lessive...

Sur le chemin de la chambre, Jeannot grogne après cette affreuse chemise de nuit qu'il tient

* Une chemise fripée est toute chiffonnée.

** Indociles veut dire désobéissants.

sous le bras et dans laquelle il va rester ridicule pour tout le reste de son séjour forcé.

– Tonton René est parti ? s'inquiète-t-il un peu plus tard, alors qu'il est revenu auprès de tante Madeleine.

– Il est parti à son travail, à la Préfecture, juste après ton lever, lui répond-on. Mais viens un peu m'aider, veux-tu ?

– Oui. Que faut-il faire, marraine ?

– Emporter cette pile de linge dans ma chambre... C'est la deuxième porte sur la droite, en prenant l'autre partie du couloir, par ici...

– Bien, marraine...

– Tu poseras tout ceci proprement sur le grand lit, mon garçon. Bien en pile, n'est-ce pas ?

– Oui, marraine...

8
La pièce interdite

Jeannot, raide comme un piquet, tenant dans ses bras en équerre* la pile de linge propre, glisse sur le parquet vers le petit couloir qu'il ne connaît pas encore.

« La deuxième porte, a dit marraine », répète l'enfant pour être sûr de ne pas se tromper.

Mais en passant devant la première, il entend comme des petits coups réguliers frappés sur le sol. Surpris, il colle son oreille contre le bois de la porte et reste un moment à écouter.

Le bruit cesse, puis reprend, puis s'arrête à nouveau avant de repartir une nouvelle fois. Le garçon, intrigué**, se dit qu'il se passe de drôles

* Être en équerre, c'est être plié à angle droit.

** Intrigué signifie étonné... et curieux.

de choses dans la chambre de la mémé... pendant qu'elle est à la cuisine.

Ne trouvant pas d'explication à ces bruits étranges, il abandonne bientôt son observation et fait quelques pas jusqu'à la deuxième porte.

Là, par précaution, il colle à nouveau son oreille à la porte avant d'ouvrir, pour le cas où, une nouvelle fois, il se passerait des choses mystérieuses.

Mais cette pièce semble silencieuse. Alors, rassuré, il ouvre la porte du coude, s'appliquant à ne rien faire tomber. Il pousse le battant du bout du pied et entre dans la chambre.

Un grand lit occupe presque tout l'espace. Jeannot y dépose délicatement la pile de linge et, n'osant pas s'attarder, revient en vitesse sur ses pas.

Passant à nouveau devant la chambre de la mémé (*la chambre interdite, a dit marraine*), Jeannot ne peut s'empêcher d'écouter à nouveau. Et le bruit est toujours là, qui s'arrête et reprend de façon irrégulière...

Le garçon fronce les sourcils et se demande :

« Y aurait-il une machine dans cette chambre ? Une bête qui saute d'une chaise à l'autre ? Y aurait-il quelqu'un ? Qu'est-ce que c'est donc que ce mystère qu'on me cache ? »

Ne voulant pas s'éterniser*, Jeannot décide de retourner rapidement à la cuisine avant que la tante ne s'inquiète de le voir tant tarder ou, pire encore, qu'on ne le surprenne l'oreille collée à cette porte.

– Voilà qui est fait, marraine ! dit-il à sa marraine alors qu'elle repose son fer sur la cuisinière.

– Très bien, mon garçon, répond la tante dans un sourire. Voudras-tu venir avec moi faire quelques courses, ou bien rester tenir compagnie à mémé Marthe ? Je voudrais bien essayer de trouver des lentilles, ou des rutabagas pour faire avec le lapin de ta maman.

Puis, se tournant vers la grand-mère toujours assise et haussant la voix :

– Vous entendez, mémé, du lapin !

– Du lapin, oui ! approuve la vieille femme en se touchant le ventre.

– Que préfères-tu, Jeannot ?

– Je vais plutôt rester avec la mémé..., répond l'enfant à qui l'idée de faire la queue devant un magasin ne sourit pas.

– Comme tu voudras...

---

* S'éterniser, c'est rester trop longtemps, s'attarder.

– Je pourrai peut-être faire une partie de cartes avec elle ?

– Ou plutôt une partie de dominos. Elle aime ça ! Va donc prendre le jeu dans sa ch... Ou plutôt non. J'y vais moi-même. Tu ne le trouverais pas...

Mémé Marthe sourit, tout heureuse de passer un petit moment en tête à tête avec Jeannot qui semble si poli et si gentil. Et l'enfant lui sourit aussi.

Voilà bientôt Madeleine partie, son cabas* à la main. Jeannot tire une chaise et s'installe face à la mémé qui distribue les dominos. Et, tandis que la partie s'engage, le petit curieux lance quelques questions sur un ton badin** :

– Mémé, est-ce que par hasard vous avez un chat ?

– Oh non, mon biquet ! Un chat ? Il n'y a déjà pas assez à manger pour nous...

– Pas de petit chien non plus, alors ?

– Non non ! Pas de chien non plus. Ni un grand ni même un petit ! Qu'est-ce qu'on irait encore à nourrir des bêtes ! Ah, si on pouvait avoir des poules...

---

* Un cabas est un panier, un grand sac pour faire les courses.

** Badin veut dire coquin, malicieux.

– Chez nous, sur notre terrain, on a fait un enclos pour les poules, explique fièrement Jeannot.

– Quelle bonne idée !

– On a aussi quatre canards...

– Ah, quatre canards !

– Et aussi des lapins...

– Tu as bien de la chance, mon biquet !

Jeannot s'arrête là, n'osant parler du potager* ni du verger**, par peur que la grand-mère ne se laisse aller à un peu de jalousie.

– J'ai entendu un drôle de bruit, mémé Marthe, reprend l'enfant. Tout à l'heure, en passant devant votre chambre...

– Un drôle de bruit ? s'étonne la vieille dame. Je n'entends rien de drôle...

– Tout à l'heure, devant votre chambre...

– Je ne comprends pas. Mais joue donc, mon biquet ! C'est ton tour et puis tu m'étourdis avec toutes tes questions !

Jeannot joue donc et se tait, convaincu qu'il n'aura pas de sitôt de clé à ce mystère.

Après une partie qu'il perd, vient la revanche qu'il gagne. Puis une troisième...

– On fait la « belle », mémé Marthe ?

---

* Le potager est le terrain sur lequel on cultive des légumes.

** Le verger est le terrain où sont plantés des arbres fruitiers.

– Si tu veux, mon biquet. Je suis bien contente de jouer avec toi... Et une autre fois, si tu veux, on jouera au Nain Jaune.

– Oui oui, mémé. Au Nain Jaune.

– Tant mieux, tant mieux ! se réjouit la grand-mère.

Jeannot est en train de gagner la « belle » lorsque claque la porte de l'entrée. C'est Madeleine qui rentre.

– Je n'ai trouvé que des pois cassés, une fois de plus, et puis un peu de fèves, se lamente-t-elle. À quoi sert d'avoir des tickets d'alimentation s'il n'y a presque rien à acheter ? Ah, les temps deviennent de plus en plus durs !

Le garçon rentre les épaules, tentant de se faire tout petit. Il se rend compte qu'à cause de lui, pour la tante Madeleine, les choses sont encore plus compliquées que d'ordinaire.

– Allons tout de même faire cuire ce lapin ! Encore un que les « Vert-de-gris* » n'auront pas !

L'oncle René reparaît bientôt à son tour alors que le lapin finit de rissoler dans la marmite.

– Hum ! fait-il en passant la main comme une

---

* Les « vert-de-gris », c'est l'un des nombreux surnoms que les Français donnaient aux soldats allemands en raison de la couleur de leurs uniformes.

vague sous son nez et en souriant bien largement. C'est un vrai festin qui se prépare aujourd'hui !

– C'est le lapin de Suzanne ! rappelle Madeleine.

– Oui, oui ! Le lapin de Suzanne ! répète l'oncle René en se léchant les babines comme un renard à la porte d'un poulailler.

– À table, maintenant ! invite la tante. Jeannot, comment sont tes mains ?

L'enfant se souvient qu'il doit se les laver. Près de l'évier, dans une coupelle, se trouve un petit cube gris. Ce n'est pas un vrai savon, mais on dit que cela remplace. Jeannot se frotte donc les mains, sans attendre en vain que cela mousse, puis se rince en vitesse.

Tandis qu'il se retourne et s'assoit, il voit l'oncle René s'éloigner avec un plateau dont il ne distingue pas le contenu.

« Puisque la mémé mange avec nous dans la cuisine, s'étonne-t-il, pourquoi donc l'oncle René lui porte-t-il un plateau dans sa chambre ? »

L'oncle revient vite sans faire de commentaires, se frotte une nouvelle fois les mains en respirant profondément pour se pénétrer de la bonne odeur du lapin, s'assoit à son tour et lance :

– Bon appétit, la compagnie !

La mémé tend son bras, pose sa main sur celle de Jeannot et répète en lui souriant :

– Bon appétit, mon biquet !

L'enfant lui rend son sourire, acceptant tout à la fois d'être un « biquet » pour la mémé et d'avoir de plus en plus de questions sans réponses.

Que lui cache-t-on ? se demande-t-il. Se méfierait-on de lui ? Quelle est cette chose si importante, ou si grave, dont on ne veut pas, dont on ne peut pas lui parler ?

Chacun mange en silence et s'applique à couper sa trop petite part de lapin en toutes petites bouchées, pour faire durer le plaisir...

9

Derrière la porte...

Après le déjeuner malgré tout vite expédié, tante Madeleine annonce qu'elle a à faire à l'extérieur et qu'elle ne sera sans doute pas rentrée avant six heures. Elle ne précise pas les raisons de son absence. Jeannot pense que mémé Marthe doit être au courant et que lui, le petit, n'a pas à savoir.

Marraine part donc sur les talons* de tonton René, enveloppée dans une pèlerine** pour se prémunir contre la pluie, pour le cas où l'orage annoncé éclaterait.

– Occupe-toi bien de la mémé, Jeannot ! lance-t-elle avant de refermer la porte du palier.

---

* Partir sur les talons de quelqu'un, c'est partir juste après lui.

** Une pèlerine est une sorte de cape, de grand manteau de pluie.

L'enfant se trouve donc à nouveau seul face à la grand-mère, avec l'idée qu'il va devoir passer tout son après-midi à jouer au Nain Jaune, ce qui ne l'enchante pas. Et si cette idée ne lui plaît guère, c'est qu'il n'est pas habitué à rester enfermé.

Chez lui, à Verrières, il avait un grand terrain pour courir, un pré pour se rouler dans l'herbe, un petit bois pour faire des cabanes avec ses petits voisins, des lapins à caresser et à nourrir, des poules à soigner, des œufs à ramasser...

Il pense à tout cela, le nez collé contre la vitre du salon. Il pense aussi à maman Suzanne, à papa Marcel, aux Filotin, à la maison tout écroulée...

Il en est là de ses pensées, triste et solitaire, lorsqu'il entend un léger bruit dans son dos. Il se retourne. C'est la grand-mère qui arrive à petits pas maladroits, appuyée sur ses deux cannes.

– Je vais aller me reposer un moment sur mon lit, mon biquet, lui dit-elle. Plus tard, nous ferons une partie. Tu es toujours d'accord pour une petite partie ?

– Bien sûr, répond l'enfant en souriant tandis que mémé Marthe fait lentement demi-tour et se dirige vers sa chambre.

La chambre de la mémé ? Voilà que reviennent à l'esprit de Jeannot les bruits entendus le matin, derrière la porte interdite. Et le garçon cherche à nouveau comment il pourrait bien en expliquer les raisons.

N'en trouvant décidément pas, il décide de tout faire, au plus vite, pour en avoir le cœur net. Il laisse donc là, au milieu du salon, ses pantoufles qui ne lui tiennent pas aux pieds et trotte en silence jusqu'au petit couloir.

Lorsqu'il y arrive, la grand-mère est déjà dans sa chambre et la porte refermée. L'enfant pose à nouveau sa joue contre le panneau de bois et écoute avec la plus grande attention.

Cette fois, plus de bruits répétés tapés sur le plancher, mais la voix un peu forcée de la grand-mère. Jeannot n'en revient pas :

« Dis donc, la mémé parle toute seule ! » pense-t-il.

Toute seule ? Et si... Oui, c'est bien ça...

En tendant bien l'oreille, il distingue comme un chuchotement. Puis revient la voix de mémé Marthe. Puis un nouveau chuchotement.

Jeannot recule d'un pas. Il n'en croit pas ses oreilles :

« La mémé n'est pas seule ! Elle est avec

quelqu'un qui parle tout bas ! Quelqu'un qui murmure... »

Pieds nus sur le plancher, l'enfant revient en courant jusqu'au salon. Là, il se cale dans un fauteuil et décide de réfléchir profondément, calmement.

Il se dit que lui-même, à l'école, lorsqu'il cherche à passer inaperçu, il chuchote avec son voisin pour qu'on ne l'entende pas. Lorsqu'il doit dire un secret à son ami Dédé, il le lui murmure dans le creux de l'oreille pour que personne n'en sache rien.

« Donc, conclut-il, si "quelqu'un" est dans la chambre de mémé et lui parle tout bas, c'est que ce "quelqu'un" s'y cache. Et s'il s'y cache, c'est qu'il a peur de quelque chose ou d'une personne...

Mais de qui donc se cacherait ce « quelqu'un » ? De qui aurait-il peur ? Pas de la mémé, bien sûr ! De marraine Madeleine, peut-être ? Sûrement pas non plus ! Ni de tonton René qui va porter les plateaux dans la chambre de la grand-mère et qui doit donc bien voir ce qu'il s'y passe ! Alors de qui ?

« Je ne vois plus qu'une réponse, se dit Jeannot,

tout confus*. C'est tout simple : ce "quelqu'un" se cache de moi ! Ce quelqu'un a peur de moi, ou se méfie de moi, ou bien encore... »

Voilà Jeannot tout troublé, tout déboussolé. Même à l'école, jamais il ne s'est trouvé dans cette situation ! Pour la première fois, par sa seule présence, il fait se cacher quelqu'un. Un inconnu, par-dessus le marché !

« Un inconnu, se dit l'enfant, qui ne sait sans doute pas que je suis seulement un garçon de dix ans, que je ne fais même pas 1 m 35, que je n'atteins même pas les 28 kilos... Un inconnu à qui j'aurais bien de la peine à faire du mal ! »

Puis, après un temps de profonde hésitation :

« Il faut que j'aille le trouver, que j'aille lui dire, qu'il me voie ! Marraine a dû oublier de lui dire que j'étais petit ! Marraine qui... »

Oui. Marraine qui a interdit d'entrer dans cette chambre. Et aussi tonton René qui a répété en insistant beaucoup : « In-ter-dit ! »

Jeannot n'a pas fait deux pas que le voilà figé.

– Non, décidément, on ne peut pas passer outre** une chose aussi interdite !

Le garçon, découragé, se laisse à nouveau

---

* Confus veut dire ennuyé, désolé, piteux.

** Passer outre, c'est ne pas en tenir compte, faire tout de même.

tomber sur le fauteuil et soupire profondément. Trois coups sonnent bientôt au carillon de la jolie horloge qui est posée sur un petit meuble à tiroirs.

« Comment peut-on avoir peur de moi ? répète-t-il dans sa tête qui bouillonne. Comment peut-on avoir peur de moi ? Comment... »

Bientôt, Jeannot ne pense plus. Il s'écroule, endormi.

Marraine, rentrant plus tôt que prévu, le trouve en plein sommeil, tout tordu dans le creux du fauteuil. Près de lui, mémé Marthe est là, silencieuse, attendant sur un autre siège que le garçonnet sorte de ses rêves... Sur les genoux de la grand-mère, proprement posée, il y a la boîte de Nain Jaune.

– Chut, ma petite Madeleine, cet enfant dort ! dit la grand-mère, s'efforçant à parler doucement. Ce pauvre biquet doit avoir du retard !

Mais les efforts de mémé Marthe pour parler tout bas ne suffisent pas. Jeannot se réveille, se frotte les yeux, et, voyant qu'on le dévisage, il s'affole, saute du fauteuil, cherche ses pantoufles à droite, les trouve à gauche, les enfile en hâte et se dresse, presque comme au garde-à-vous.

– Je roupillais juste un petit peu ! bredouille-t-il.

Madeleine lui sourit en guise de réponse.

– Va te chercher une tranche de pain pour ton goûter, mon garçon, lui propose-t-elle.

– Merci, marraine !

L'enfant se précipite vers la cuisine, tout autant pour cette tranche de pain qu'on lui promet que pour se cacher à son tour, un peu honteux de s'être laissé prendre à dormir sur un fauteuil du salon.

Mais Madeleine le rejoint bientôt et lui demande :

– Alors, tout s'est bien passé ?

– Oui, marraine... Je...

– Je t'écoute, Jeannot. Qu'as-tu à me dire ?

– Rien, rien, marraine...

– Mais si, je le vois bien. Il y a quelque chose que tu ne veux pas me dire. Quelque chose qui te tracasse* ?

– Oui... non... C'est juste la mémé...

– La mémé ?

– Je ne sais pas comment dire... La mémé est partie pour sa sieste et... et puis...

– Dis-moi donc, Jeannot, au lieu de tourner autour du pot** ! C'est donc si difficile ?

---

* Tracasser, c'est faire du souci, du tracas.

** Tourner autour du pot, c'est hésiter beaucoup, perdre du temps.

– Vous m'avez dit que je n'ai pas le droit d'entrer dans la chambre de mémé Marthe...

– En effet, je te l'ai dit.

– Je ne suis pas entré, mais j'ai entendu... j'ai un peu entendu... quelque chose comme...

Madeleine soupire et croise ses bras :

– Qu'as-tu donc entendu, venant de cette chambre ?

– J'ai entendu la mémé parler à quelqu'un.

– Ah ! Nous y voilà ! Et ce « quelqu'un », tu l'as vu ?

– Oh non ! J'ai bien compris qu'il ne veut pas qu'on le voie, qu'il se cache, qu'il a peur de moi !

Madeleine se met à rire :

– Mais non, mon petit ! Personne n'a peur de toi !

– Mais alors, pourquoi se cache-t-il ? Il ne se méfie pas de vous, ni de tonton, ni de la mémé, je le sais parfaitement ! Alors c'est bien de moi qu'il a peur !

– C'est vrai, mon petit, qu'il y a quelqu'un dans cette chambre. Mais je vais te dire une chose : personne n'a peur de toi. Personne, je te le jure !

10

La fillette

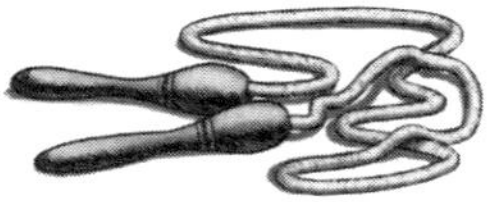

Madeleine prend la main de Jeannot et l'entraîne vers le petit couloir, tout en disant comme pour elle-même :

« C'est aussi bien comme ça, après tout... »

Puis elle ouvre doucement la porte donnant sur la chambre de la grand-mère, passe la tête et dit doucement :

– C'est moi, Sabine ! C'est Madeleine !

« Sabine ! se dit Jeannot. Voilà donc le nom de cette personne inconnue qui se cache chez la mémé, qui n'a pas peur de moi, mais de quelqu'un tout de même... »

La tante entre tout à fait dans la chambre et l'enfant, curieux, fait le tour de la pièce du regard sans voir personne.

– Hou hou ! Sabine ! dit encore marraine Madeleine.

Ce n'est qu'après ce deuxième appel que s'ouvre enfin... la porte de l'armoire. Et de cette armoire apparaît une petite fille brune, timide et pâle comme un drap de coton blanc.

Jeannot comprend tout à présent : le plateau du soir avec deux portions et surtout les petits coups frappés sur le sol. Il se dit que la petite fille, laissée seule, devait sauter à la corde sur le tapis, sans se rendre compte qu'on pouvait l'entendre du couloir.

– Sabine, approche-toi, n'aie pas peur : je te présente le petit Jean, qu'on appelle Jeannot et qui est à la fois mon neveu et mon filleul. Il est venu passer quelques jours avec nous...

La fillette s'approche timidement et tend sa joue au garçon qui y dépose une petite bise maladroite.

– Je vais vous laisser quelques minutes, les enfants, propose Madeleine. Le temps que vous fassiez un peu connaissance...

Tante Madeleine s'éloigne et ferme la porte derrière elle avec application. Les enfants restent seuls.

Sabine sourit et Jeannot se sent du coup un

peu moins intimidé. Pourtant, il ne sait vraiment pas quoi dire à la petite fille.

« Qu'est-ce qu'on peut bien raconter aux filles ? se demande-t-il. Moi, je n'ai pas de sœurs, pas de cousines de mon âge, pas de copines à l'école, pas de petite voisine dans ma rue... »

– Quel âge as-tu, Sabine ? demande-t-il, puisqu'il est là pour faire connaissance et que c'est une bonne question facile à poser à une petite fille qu'on ne connaît pas.

– 8 ans et demi bientôt, répond Sabine, presque à voix basse.

– Tu es en quelle classe ? En neuvième, ou peut-être déjà en huitième ?

– Je ne sais pas, Jeannot...

– Ah ? Tu ne sais pas ? La maîtresse ne t'a pas dit ?

Voilà Jeannot très étonné. Lui, depuis la classe enfantine*, il sait bien sûr ce genre de choses !

– J'ai juste fait ma onzième..., explique la petite.

– Seulement ta onzième ? Ah ça, alors ! Et depuis, tu ne vas plus à l'école ?

– Non, je n'y vais plus jamais.

– Ben dis donc, tu en as de la chance ! Alors

* La classe enfantine était une année de préparation à l'école primaire. On y mettait les enfants de cinq ans.

tu es en récré toute la journée ! Ça doit être chouette !

– Je fais du calcul avec monsieur René, le soir après manger, et des dictées avec madame Madeleine...

– Ah, c'était trop beau ! Tu travailles un peu, alors ?

– Oui. Et je lis beaucoup de livres avec la grand-mère. J'en lis énormément. Il y en a même que j'ai relus cinq fois !

– Cinq fois ! répète Jeannot qui n'en croit pas ses oreilles.

– Et puis je dessine aussi...

– Moi aussi, je fais beaucoup de dessins. Je fais surtout des avions et des trains : de ma fenêtre j'en vois souvent passer. Sauf depuis quelque temps car on n'a plus le droit.

– Ah bon ?

– Non. Si on entend des avions, on file se cacher dans la cave...

– Ah ! Alors toi aussi tu dois te cacher ?

– Oui, à cause des bombes et des obus ! L'autre nuit, ma maison a été complètement démolie par la faute des Anglais qui ont mal visé la gare ! C'est pour ça que je suis venu chez ma marraine !

– Je comprends... Tu as eu peur ?

– Oh oui ! Et j'ai été blessé, aussi ! Regarde le pansement que j'ai à mon mollet !

– Oh, là là ! Tu as eu mal ?

– Pas tant que ça. Ce qui m'a fait le plus mal, ce sont les ampoules que j'ai à mes pieds. Alors, Sabine, toi aussi tu te caches quand tu entends les avions ?

– Non. Je me cache tout le temps.

– Tout le temps ?

– Oui. Un jour, quand j'étais plus petite, monsieur René est venu à l'école me chercher et il m'a amenée ici en vitesse. Depuis tout ce temps, je me cache.

– Depuis tout ce temps, tu te caches ! répète Jeannot qui ne comprend rien. Et ta maman, et ton papa, ils ne viennent pas te voir ?

– Non.

– Ils t'envoient des lettres, alors ?

– Non.

À entendre de telles choses, Jeannot reste abasourdi*. La fillette reprend :

– Mon grand frère David, il ne m'écrit pas non plus.

– Ben ça alors ! Personne ?

---

* Abasourdi veut dire très étonné, stupéfait, ahuri.

– Personne. Je reste juste avec monsieur René et madame Madeleine, et puis la grand-mère, bien sûr.

– Tu dors dans le grand lit avec la grand-mère ?

– Non. On met les deux petits fauteuils face à face, comme ça, et ça me fait un petit lit.

– C'est bête ! Moi, je suis dans la chambre des grands cousins et il y a un lit qui reste vide. Peut-être que, si on demandait à marraine, tu pourrais venir dormir là, toi aussi...

– Elle ne voudra pas... Je dois toujours rester dans cette chambre. Toujours !

– Je vais lui demander, moi ! Et elle voudra bien !

Jeannot, bien décidé, laisse là la petite Sabine et file vers la cuisine, aussi rapidement que le lui permettent ses pantoufles qui partent dans tous les sens. Voyant sa tante occupée à coudre près de la fenêtre en compagnie de la grand-mère, le garçon se lance :

– Marraine, pourquoi Sabine ne viendrait pas dormir avec moi dans la chambre des cousins ?

Madeleine hésite un moment et se racle la gorge avant de répondre :

– Mon petit, comment te dire ? Ce ne serait pas prudent. Non, ce ne serait pas prudent.

Sinon, elle y dormirait depuis bien longtemps !

– Juste une nuit ou deux, marraine ! Je ferai bien attention à elle, c'est promis !

– Non, mon garçon. Ce que je peux te permettre, c'est que ce soir, après le dîner, tu ailles lire un moment avec elle dans la chambre de mémé Marthe.

– Ah...

– Va lui dire et reviens vite, mon garçon.

Jeannot, déçu, retourne voir la petite Sabine à qui il rend compte* de ce que Madeleine a décidé.

– Chic ! s'exclame la fillette pour qui cela paraît une belle nouvelle. Si tu veux, on lira *Pinocchio* !

– D'accord. On lira *Pinocchio*. Mais... il faut que je te demande : tu ne restes pas toute la journée à te cacher dans l'armoire ?

– Oh non ! Seulement quand j'entends des bruits de pas dans le couloir !

– Ah ! Et parfois, quand il n'y a pas de bruit, est-ce que tu joues à quelque chose ?

– Je joue aux cartes... à la marelle sur les dessins du tapis... à la corde...

---

* Rendre compte, c'est raconter, expliquer.

– Tu sautes donc quelquefois à la corde !

– Oui, de temps en temps... mais je reste pieds nus pour ne pas faire de bruit ! Madame Madeleine m'a dit que je ne dois jamais faire de bruit !

– Pourtant, moi, je t'ai entendue sauter.

– Ah ?

La petite baisse la tête, se rendant compte que sauter à la corde ne sera plus possible puisque cela s'entend. Mais elle revient bien vite à la joie que lui donne la visite du garçon :

– Veux-tu que je te prête un livre, Jeannot, pour attendre ce soir ?

– Si tu veux...

– Que voudrais-tu ?

– Ce que tu me donneras...

– Alors je te prête *Les Lettres de mon moulin*. Tu verras, c'est très intéressant !

Jeannot laisse donc la petite Sabine, un livre sous le bras, pour attendre jusqu'à ce soir.

11
Le secret sur la page

Puisqu'on lui a demandé de ne pas rester longtemps avec Sabine, l'enfant retourne donc vers la cuisine. C'est là que se tient toujours la grand-mère quand elle n'est pas dans sa chambre, c'est donc là également que reste Madeleine pour lui tenir compagnie.

La tante est toujours à son raccommodage : les temps ne sont pas à gaspiller. Elle est assise là, près de la fenêtre, et s'applique à reprendre les boutonnières fatiguées d'une chemise, le dé à coudre au bout du doigt et un bout de fil blanc pincé entre les doigts.

– Elle est bien gentille, Sabine, dit Jeannot.

– Tu as raison, mon biquet, approuve mémé Marthe.

– Elle m'a prêté un livre pour m'occuper jusqu'à l'heure du dîner...

– C'est une très bonne idée, dit tante Madeleine. Est-ce que tu aimes lire, au moins ?

– Oui... Il y a quelque temps, j'ai lu *Le Capitaine Fracasse*. C'était bien ! Il y avait de la bagarre !

– Tu es bien un petit garçon, toi, pour aimer les batailles ! commente Madeleine. Mais si c'étaient de vraies batailles, est-ce que tu les aimerais autant ?

– Si c'était pour de vrai, non, je n'aimerais pas !

– Ah, tant mieux !

– Mais j'aimerais apprendre à me battre à l'épée !

– Tu voudrais donc tuer quelqu'un ?

– Oh non ! Juste lui faire très peur, ou bien lui faire une petite blessure, comme celle que j'ai à mon mollet.

– Ah ! J'en suis bien contente ! Mais tu sais, de nos jours, tu n'impressionnerais personne avec ton épée !

– Oh je sais bien ! Les Allemands, ils ont des canons, des chars, des fusils, des avions, des mitraillettes !

– Oui, hélas, ils ont tout cela ! On dit même

qu'ils ont maintenant des bombes V1 et V2* qui peuvent aller jusqu'en Angleterre d'un seul coup par-dessus la mer !

– Par-dessus la mer ? Ben dis donc !

– J'ai entendu hier soir à la radio qu'ils appellent ça des bombes volantes, des fusées !

– Alors c'est à cause des bombes volantes que Sabine a peur et qu'elle se cache dans l'armoire de mémé ?

Madeleine pâlit un peu et répond :

– Non, mon garçon. Ce n'est pas à cause de ça.

– Eh ben de quoi, alors ? Je ne comprends pas, moi, pourquoi elle ne va plus à l'école, pourquoi elle reste toujours dans la chambre de mémé Marthe, pourquoi elle n'a jamais le droit de sortir, ni de faire du bruit, ni de dormir avec moi dans la chambre des grands cousins, ni de venir manger dans la cuisine, ni de...

Jeannot ne trouve bientôt plus ses mots et s'emmêle dans ses phrases. Il s'arrête alors de parler et se tourne vers la fenêtre, le nez contre la vitre...

L'enfant se tait et sanglote en silence, devinant bien qu'à lui, petit garçon, on n'a rien voulu expliquer. Il regarde donc vers le dehors, les

* Les bombes V1 et V2 ont été développées par les Allemands principalement pour bombarder Londres, en Angleterre.

yeux perdus, et se calme lentement en observant ce qui se passe dans la rue des Martyrs.

Il voit les vélos-taxis* qui peinent dans la montée, les chevaux qui vont au pas en tirant des charrettes, des voitures noires à gazogène avec leurs gros réservoirs fixés sur les toits, des bicyclettes, des chariots à bras...

Il voit beaucoup de piétons pressés, des mères avec leurs poussettes, des hommes avec leurs chapeaux ou leurs casquettes sur la tête...

Il voit des enfants avec leurs cartables de cuir râpé sur le dos qui se chamaillent en sortant de l'école...

Il voit des soldats allemands en colonne qui passent en bon ordre tout en faisant claquer leurs pieds sur le pavé, et les passants qui s'écartent sur leur passage...

Bientôt, ses yeux embués ne distinguent plus rien. Jeannot baisse la tête : il ne voit plus que ses pieds nus dans ses pantoufles ridicules.

Madeleine s'est levée. Elle se tient juste derrière lui et lui caresse le cou en silence. Petit Jean se calme un peu et tourne la tête vers elle. Il lui demande encore :

---

* Par manque d'essence, les taxis étaient remplacés par des sortes de carrioles à une ou deux places tirées par des cyclistes montés sur des vélos.

– Pourquoi, marraine ?

– Je vais te montrer quelque chose, mon garçon, dit tante Madeleine tout en ramenant l'enfant jusqu'au centre de la pièce. Et tout d'abord, assieds-toi, près de mémé Marthe, pour qu'elle entende bien ce que nous disons...

Jeannot s'assoit, croise les bras sur la table et regarde la mémé qui montre soudain un visage grave et qui recouvre tendrement sa main de la sienne.

– Vois, commence Madeleine, ce livre que Sabine t'a confié. C'est l'un des rares livres qui soit à elle, vraiment à elle. Il se trouvait dans son cartable, le jour où l'oncle René est parti la chercher...

– Oui, marraine. Je suis fier qu'elle me l'ait prêté.

– Ouvre ce livre à la première page. Regarde attentivement et dis-moi ce qui est écrit.

– *Les Lettres de mon moulin*, c'est le titre..., puis « Alphonse Daudet »...

– Il s'agit de l'auteur, Jeannot. Et puis ?

– « Illustrations de Jean Droit »... et puis « Éditions Devambez, 1927 »...

– Bien. Quoi d'autre encore ?

– « Recueil de 24 récits écrits par l'auteur en 1866 »...

Rue des Martyrs

– Très bien. Mais encore ?

– Là, au crayon, quelqu'un a écrit le nom de Sabine.

– Parfait. Et puis ?

– Mais marraine, il n'y a plus rien !

– Si, il y a autre chose. Observe bien, Jeannot.

– Ah oui, répond l'enfant en riant. Là, il y a un gros gribouillage !

– Et, qu'a-t-il de particulier, ce gribouillage ?

– Rien, marraine. C'est du gribouillis pour qu'on ne puisse pas lire ce qui est écrit en dessous, sûrement !

– Bien ! Et pourtant, voudrais-tu essayer de trouver une astuce pour lire tout de même ?

Jeannot se penche, scrute la page avec attention, puis lève le livre pour essayer de voir par transparence, puis court à la fenêtre et place la page contre la vitre, bien à la lumière. Et là, il distingue une trace légère qui apparaît dans le pâté d'encre.

– Sa... ra... non ! rah... Sarah !

– Très bien, mon garçon. Sarah... comprends-tu ?

– Non. Qui est cette Sarah ? C'est le nom d'une fille que je connais ?

– Oui. Tu la connais. Le livre est à elle.

– Mais non, marraine, le livre est à Sab...

La réponse de Jeannot reste en l'air. Il vient de comprendre et devient tout pâle.

« Mais alors, le vrai nom de Sabine, c'est Sarah ? »

– Exactement. En vérité, elle s'appelle Sarah.

– Ah ça, c'est vraiment curieux, de changer de nom ! Mon copain André, on l'appelle tous Dédé, mais... Dis, marraine, c'est Sab... c'est Sarah qui a voulu s'appeler Sabine ?

– Non, ça s'est fait par la force des choses, mon petit. À notre époque, il vaut mieux ne pas s'appeler Sarah.

– Et David, comme son grand frère ? Est-ce que ça va de s'appeler David ?

– Non. David non plus, ça ne convient pas.

Jeannot ne comprend rien. Il s'exclame :

– Alors ça ! Déjà que c'est la guerre, déjà qu'on écroule notre maison, en plus, on ne peut pas porter le nom qu'on veut ?

– As-tu déjà entendu parler des juifs, Jeannot ?

– Un peu. J'ai un voisin, monsieur Plicot, qui ne les aime pas du tout. Il dit que, si on en voit, il faut le dire à la police. Il dit qu'ils ne sont pas de vrais Français.

– Eh bien, mon garçon, voilà pourquoi Sarah

est obligée de se cacher. Tant que la guerre durera, elle devra s'appeler Sabine. Elle devra rester dans la chambre de mémé Marthe. Elle ne devra pas faire de bruit. Elle ne pourra pas aller à l'école. Elle ne pourra pas jouer ou dormir avec toi dans la chambre des cousins, ni aller dans le salon, ni même dans la cuisine, car toutes ces fenêtres donnent sur la rue et quelqu'un pourrait la voir.

Jeannot reste bouche bée. Jamais il n'avait entendu de telles choses.

– Alors, reprend-il, depuis sa classe de onzième, Sarah se cache chez vous et s'appelle Sabine ?

– Oui. Depuis... presque trois ans.

– Ce n'est vraiment pas juste ! Moi, je ne pourrais pas rester caché pendant trois ans !

– Mon garçon, si tu étais juif, si tu t'appelais David, par exemple, tu serais bien obligé !

– Alors, le grand frère de Sarah, il se cache quelque part chez quelqu'un ? Et ses parents ?

– J'aimerais bien croire qu'ils se cachent, eux aussi...

SABINE

12

Juré craché !

Tandis que Jeannot se lance dans la lecture de *La Chèvre de M. Seguin*, Marraine prépare pour le dîner une potée de pois cassés, avec le reste de jus du lapin, ce qui fera durer un peu le plaisir du repas de midi.

L'oncle René rentre au moment où le pauvre M. Seguin cherche sa chèvre partout dans la montagne, et l'enfant ne peut lever ses yeux du livre pour dire bonsoir à son oncle, tant il a hâte de connaître la fin de l'histoire, tant il a peur pour la petite chèvre.

– Il faut venir te laver, maintenant, mon garçon ! dit tante Madeleine.

– Laissez-moi une minute encore, marraine : il me reste une seule page ! supplie l'enfant.

Marraine lui accorde le petit délai et fait chauffer de l'eau sur le gaz, qui à cette heure, donne enfin un peu mieux*. Puis, son broc à la main, elle pousse Jeannot jusqu'à la salle de bains.

Là, debout dans la baignoire presque vide et tandis qu'elle le frictionne avec le mauvais savon gris, il dit en haussant les épaules :

– Hé ! Le loup l'a mangée, évidemment !

– Le loup ? s'étonne Madeleine.

– Oui, le loup de l'histoire ! La chèvre, marraine, elle aurait dû faire comme Sarah, au lieu d'aller se promener dans les collines et de rencontrer le loup...

– Comme Sarah ?

– Oui, elle aurait dû rester cachée chez M. Seguin et ne jamais sortir tant qu'il était dans les parages.

– Tu as raison, Jeannot. Tu as parfaitement compris. Mais, comment sont tes ampoules, ce soir ? Ah, elles ont bien séché. Mais ne t'avise pas de remettre tes sandales avant plusieurs jours !

– Oh, il n'y a pas de risques !

– Et ta blessure à la jambe ? C'est bien aussi. La coupure semble se refermer rapidement. Je

* Il y avait fréquemment des chutes de pression de gaz et la flamme ne chauffait guère.

ne vais pas te remettre de bandage. L'air lui fera beaucoup de bien.

– Tant mieux ! se réjouit le garçon. Est-ce que je pourrai, ce soir, aller dîner avec Sarah, dans la chambre de mémé, sur le plateau ?

Madeleine hésite un peu, puis finit par accepter.

– Tant mieux ! dit encore l'enfant. Ainsi, mémé Marthe pourra rester manger à la cuisine avec vous.

– Et toi, mon coquin, tu seras avec ta nouvelle amie ! complète Madeleine en souriant. Allez, enfile donc la chemise que je t'ai confiée pour la nuit. Tu ne vas tout de même pas rester nu comme un petit sauvage pour aller dîner avec Sarah !

Jeannot, à peine séché, file vers sa chambre, enfile en hâte la chemise, boutonne avec application les boutons sur le devant et sort en trombe à la recherche des chaussons qu'il a encore perdus quelque part.

Quelques instants plus tard, et bien qu'il ne soit pas très fier de son accoutrement*, le garçon intimidé suit l'oncle René qui porte le plateau-repas jusqu'à la chambre de Sarah.

---

* Son accoutrement, c'est sa tenue bizarre, son déguisement.

– Oh, Jeannot ! se réjouit la fillette. Comme tu es gentil de m'apporter mon dîner avec tonton René ! Mais où est donc la grand-mère ?

– Elle ne viendra pas manger avec toi ce soir, répond le garçon, se forçant à rester sérieux, tandis que l'oncle s'éclipse sans rien dire.

– Ah ? Je vais donc encore devoir rester toute seule ?

– Oui. Toute seule ! Sauf si...

– Que veux-tu dire, Jeannot ? Que c'est toi qui pourrais rester dîner ici ?

– Exactement. Si tu veux bien...

– Si je veux bien ? Oh oui, je veux bien ! Sauf que...

La petite fille tend son doigt vers lui et se met à rire derrière sa main. Jeannot penche la tête sur son ventre et tente de comprendre ce qui est si drôle.

– Ah ! Tu as attaché lundi avec mardi* !

En effet, le jeune garçon est obligé de le constater : dans sa hâte, il a décalé tout son boutonnage. Pour son premier dîner avec Sarah, le voilà qui se présente avec le col en biais et un pan de sa chemise plus long que l'autre. Jeannot

* Expression qui signifie que l'on a boutonné le premier bouton dans la seconde boutonnière, le deuxième bouton dans la troisième, etc.

se voit donc contraint de se retourner afin de remettre les choses parfaitement en ordre.

Ce petit incident est vite oublié. Les enfants, installés face à face à une petite table, restent un moment silencieux, seulement occupés à vider leur assiette. Puis, tout en croquant dans sa pomme fanée, Sarah demande à son petit compagnon :

– Jeannot, est-ce que tu partiras bientôt ?

– Oui. Dès que ma maison sera reconstruite.

– Est-ce que c'est long de reconstruire une maison ?

– Je ne sais pas. Deux semaines, peut-être... ou quatre... ou dix... Je n'en sais rien.

– Ou peut-être cinquante, ou cent, ou mille ? propose Sarah en écartant les mains de plus en plus largement, comme s'il s'agissait de mesurer la longueur du nez de Pinocchio après chacun de ses mensonges.

– Oh non ! proteste Jeannot. Pas mille ! Ça ferait... ça ferait des années, ça ferait des siècles !

– Bien, mais au moins, en attendant, je serais bien contente que tu restes chez tante Madeleine.

– Oui, moi aussi je serais bien content, Sarah.

– Qu'est-ce que tu as dit ?

– J'ai dit que je serais bien content.

– Oui, mais comment m'as-tu appelée ?
– Je t'ai appelée Sa... Je ne sais plus.
– Ainsi, tu connais mon vrai nom ?
– Oui. Je l'ai vu sur le livre, malgré le gribouillage.
– Ah... Pourtant, il faut m'appeler Sabine.
– Oui, je sais. Il faut t'appeler Sabine.
– Promets-le, Jeannot !

Jeannot promet, bien entendu. Et tant qu'il y est, il jure à la fillette que chaque jour, il viendra lire une histoire avec elle, et prendre son dîner, et lui faire faire du calcul et des opérations... Il lui promet de venir lui apprendre à dessiner des avions et des trains, et jouer aux cartes, et au Nain Jaune, et aux petits chevaux, et aux dominos...

– Juré craché ! dit-il avec solennité*. De toute manière, l'année scolaire est presque finie et je ne retournerai certainement pas en classe avant la rentrée d'octobre ! Alors...

– Tu es très gentil, Jeannot. Mon frère David, il n'est pas toujours gentil comme toi... Quand je le reverrai, je lui dirai que je connais un garçon plus gentil que lui.

– Non, Sa... Sabine. Il ne faudra pas le lui dire.

* Avec solennité veut dire solennellement, gravement, très sérieusement..

– Ah non ?

– Non, il ne faudra pas, parce que ce que je t'ai promis, c'est un secret.

– Un secret ? Un vrai secret, Jeannot ?

– Oui. Un secret vrai de vrai, juste entre nous deux !

La fillette rosit de fierté et répète toute heureuse :

– Un secret juste vrai de vrai, juste entre toi et moi !

Quand Madeleine vient chercher le garçon pour qu'il aille se coucher, les enfants se rendent compte qu'ils n'ont fait que parler et que le livre de *Pinocchio* est resté sur l'étagère.

– Ce sera pour demain, Sabine.

– Oui, ce sera pour demain, Jeannot !

Épilogue

Paris ne fut libéré qu'en août 1944, soit deux mois plus tard. Mais la guerre se prolongea encore presque une année avant que l'Allemagne capitule.

Jeannot resta chez sa marraine tout l'été 1944. Sa maman vint presque chaque semaine porter à Madeleine un plein panier de légumes du jardin, et même parfois une poule ou un lapin.. L'enfant rentra en sixième au collège en octobre 1944 et la famille attendit sept ans avant que la maison soit totalement reconstruite.

Les parents de Sarah et leur fils David, qui avaient un jour été embarqués par la police pour la seule raison qu'ils étaient juifs, ne revinrent jamais des camps dans lesquels ils avaient été enfermés.

Sarah, qui avait été sauvée à la dernière minute grâce à des renseignements qu'avait pu avoir René à la Préfecture, les attendit longtemps.

N'ayant plus de famille, elle fut adoptée en 1946 par Madeleine et René.

Après la Libération, Madeleine et René espérèrent longtemps revoir leurs deux grands fils. L'aîné, qui était prisonnier en Allemagne, finit par rentrer au début de l'été 1945. Quant au cadet, on ne le revit pas : devenu soldat à son tour, il avait été tué en Normandie, quelques jours après le débarquement.

Après la guerre, Jeannot et Sabine, qui avait retrouvé son nom de Sarah, se revirent souvent. Ils étaient devenus cousins.

Dossier

OUVERTURE SUR LE MONDE

À CETTE ÉPOQUE-LÀ

Frise chronologique

Carte

Zoom : À cette époque-là, sous l'Occupation

Sciences et techniques

Arts et idées

Personnages

Vie quotidienne

Ailleurs dans le monde

FRISE CHRONOLOGIQUE

1346 av JC — Mort du Pharaon Toutankhamon (Égypte).

600 av JC — Fondation de Massalia (Marseille) par les Grecs.

509 av JC — Naissance de la République romaine.

52 av JC — Les troupes gauloises de Vercingétorix sont vaincues à Alesia par les Romains, dirigés par Jules César. La Gaule devient romaine.

486 — Clovis, roi des Francs, vainqueur des Romains à Soissons, libère le nord de la Gaule.

800 — Charlemagne sacré Empereur d'Occident.

1492 — Christophe Colomb découvre l'Amérique.

1789 — Début de la Révolution française.

1914 — Début de la Première Guerre mondiale.

1939 — Début de la Deuxième Guerre mondiale.

2002 — Mise en circulation de l'euro.

Septembre 1939	- L'Allemagne nazie envahit la Pologne, déclenchant la Deuxième Guerre mondiale.
Juin 1940	- La France, désormais dirigée par Pétain, reconnait sa défaite par les troupes allemandes.
Octobre 1940	- Premières lois anti-juives du gouvernement de Pétain, qui collabore avec les nazis.
Juillet 1942	- Rafle du Vel'd'Hiv : 13000 Juifs sont arrêtés pour être déportés vers les camps de la mort.
Août 1944	- Paris est libéré par les troupes alliées et la Résistance.
Mai 1945	- Capitulation de l'Allemagne nazie.

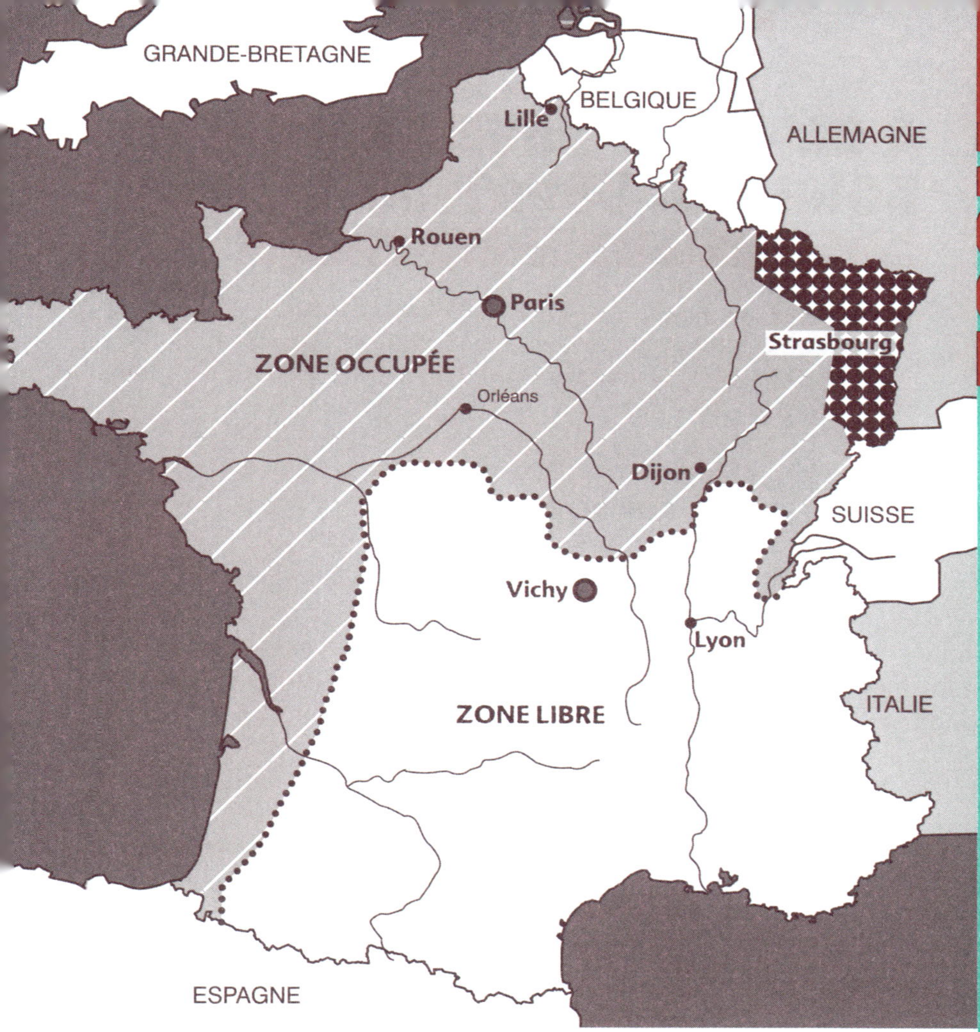

LA FRANCE EN 1941

Légende

zone rattachée à la France

ligne de démarcation

ZOOM

À CETTE ÉPOQUE-LÀ, SOUS L'OCCUPATION

Sous l'Occupation, face à l'envahisseur allemand, les Français adoptent différentes attitudes. Une grande partie de la population est résignée. Mais des hommes et des femmes décident de se battre et de résister.

DU DÉNONCIATEUR AU JUSTE

Certains Français choisissent de collaborer avec l'occupant, en dénonçant les Juifs, ou toute autre personne recherchée, comme les résistants. D'autres, au contraire, cachent un ou plusieurs Juifs à leurs risques et périls, leur permettant d'échapper à la mort. C'est parfois par dizaines qu'ils sont sauvés, surtout les enfants, grâce à des filières très organisées. Après la guerre, l'État d'Israël donnera à ces personnes courageuses le statut de « Juste parmi les nations ».

Plaque de rue à Paris. Un hommage aux « Justes de France » a été rendu au Panthéon à Paris en 2007, date à laquelle le titre avait été décerné à 2725 français.

PRENDRE LE MAQUIS

D'autres Français décident d'agir en rejoignant des réseaux de résistance, en prenant « le maquis », c'est-à-dire en combattant activement les Allemands, par les armes, ou en organisant des opérations de sabotage. Les maquis étaient des zones géographiques difficiles d'accès, boisées et montagneuses, comme le Vercors, où les résistants pouvaient se cacher et se regrouper pour organiser les actions militaires contre l'ennemi.

LE RATIONNEMENT

La nourriture se faisant de plus en plus rare, le gouvernement met en place un système pour limiter la consommation. On accorde aux familles des tickets de rationnement, qui leur permettent de se procurer avant tout la nourriture de base. Le pain fut ainsi rationné jusqu'en 1949 !

LE MARCHÉ NOIR

Le marché noir est un marché parallèle et interdit qui permet de se procurer les denrées que l'on ne peut pas acheter avec les tickets de rationnement. Comme les produits sont rares, les prix sont exorbitants. Beaucoup de vendeurs ont profité de la guerre pour s'enrichir ainsi.

À cette époque-là

LA PÉNICILLINE

Cette molécule antibiotique a été découverte en 1928 par le médecin britannique Fleming. Mais ce n'est que plusieurs années plus tard que ce médicament est produit à grande échelle, notamment pour répondre aux besoins des blessés alliés de la Deuxième Guerre mondiale. Plus tard, les antibiotiques seront prescrits au quotidien en cas d'infection. C'est aussi dans l'entre-deux-guerres que le Professeur Calmette met au point avec son équipe de l'Institut Pasteur le premier vaccin contre la tuberculose, maladie pulmonaire, dont mouraient à l'époque des milliers de personnes dans le monde.

Alexander Fleming (1881–1955) isole la pénicilline à partir d'un champignon, en 1928.

L'Enigma - modèle 1940 - machine de cryptage utilisée par les Allemands et dont Alan Turing déchiffre le code deux jours avant l'invasion de la Pologne.

Alan Turing, mathématicien britannique, est considéré comme le père de l'informatique moderne. Il invente, durant l'entre-deux-guerres, une machine, appelée « machine de Turing », considérée comme le premier ordinateur. Il crée le concept de programme. Il permet aux Alliés de déchiffrer le code allemand de la machine « Enigma ».

LES PREMIERS RÉFRIGÉRATEURS

Le réfrigérateur moderne individuel est créé quelques années après la Première Guerre mondiale. Il est commercialisé en masse immédiatement. Cette invention a révolutionné la vie des foyers, en permettant de conserver la nourriture plus longtemps et dans de meilleures conditions d'hygiène.

AUTOMOBILE POPULAIRE

Dans les années 1930, tout en créant de grandes autoroutes en Allemagne, Hitler souhaite que chaque Allemand possède une automobile. L'ingénieur Ferdinand Porsche lui propose un modèle de voiture, qui deviendra la Volkswagen, la « voiture du peuple ».

La bombe atomique *Little Boy* avant son installation dans la soute de l'avion B-29.

LA BOMBE A

Les 6 et 9 aout 1945, les États-Unis d'Amérique larguent au Japon, sur les villes de Hiroshima, puis Nagasaki, deux bombes atomiques. La bombe atomique a été construite durant la Seconde Guerre mondiale, dans le plus grand secret, aux États-Unis, avec l'aide de nombreux scientifiques, notamment étrangers, dont Albert Einstein et Oppenheimer.

À cette époque-là

LES AUTODAFÉS

Après l'accession d'Hitler au pouvoir, la censure et la propagande se mettent peu à peu en place en Allemagne. Entre autres, de nombreux livres sont interdits, jugés « dissidents » par le pouvoir en place, notamment si leurs auteurs sont juifs, communistes, modernes, féministes ou pacifistes... Les autodafés sont de grandes cérémonies populaires, organisées par le pouvoir, où la population est rassemblée pour brûler ces livres interdits.

PICASSO ET GUERNICA

À partir de 1936, l'Espagne est le théâtre d'une guerre civile fratricide entre nationalistes et républicains. L'armée allemande soutient matériellement et opérationnellement les nationalistes de Franco. Ainsi, le 26 avril 1937, des bombardiers allemands rasent le village de Guernica. Quelques mois après, Pablo Picasso présente son fameux tableau, qui contribue à l'exposition médiatique du conflit. Depuis, *Guernica* symbolise l'horreur de la guerre.

Guernica, Huile sur toile (3,5m x 7,80m) conservée au musée de la Reina Sofia à Madrid.

DU CINÉMA MUET AU CINÉMA PARLANT

Le cinéma a été inventé en France au XIXe siècle, mais c'est au début du XXe qu'il révolutionne le monde, car les films peuvent alors être copiés en grand nombre et projetés dans des salles, de plus en plus nombreuses. Cependant, le cinéma reste muet jusqu'en 1930, date à laquelle les progrès techniques permettent l'apparition du cinéma parlant.

Scène du film *Le Dictateur*, réalisé et joué par Charlie Chaplin.

C'est dans l'entre-deux-guerres que Charlie Chaplin réalise la plupart de ses œuvres, devenues des films cultes. C'est le cas des longs métrages *Les temps modernes* ou *Le Dictateur*. *Le Dictateur* est un film réalisé en 1940, en Amérique, dénonçant ouvertement les idéologies totalitaires apparues en Europe, et en particulier les régimes nazi et fasciste.

À cette époque-là

La Seconde Guerre mondiale a été marquée par des personnalités politiques et militaires fortes, qui ont eu une influence considérable sur l'issue de la guerre. Staline (1878-1953, Russie), Roosevelt (1882–1945, États-Unis), Churchill (1874-1965, Royaume-Uni), et Charles De Gaulle (1890-1970, France) se sont opposés à Hitler.

Après la reddition de la France, le maréchal Pétain (1856-1951) arrive au pouvoir et collabore avec l'occupant nazi. À l'opposé, le général de Gaulle décide de poursuivre le combat. Depuis Londres où il s'est réfugié, il lance, le 18 juin 1940, un appel demandant aux Français de le rejoindre pour résister et combattre l'occupant. Ses Forces Françaises Libres (FFL) prendront peu à peu part au combat commun des Alliés.

Au centre, Churchill lors d'une inspection de troupes, entouré de De Gaulle et de militaires polonais et britanniques.

Comme les hommes politiques, aux côtés d'anonymes, de nombreux écrivains et artistes participent aux combats de l'époque. Certains, militants antifascistes, se sont engagés dans les Brigades internationales, lors de la guerre civile d'Espagne, aux côtés des républicains. C'est le cas par exemple d'**Ernest Hemingway** (1899-1961), américain vétéran de la Première Guerre mondiale. L'auteur du *Vieil homme et la mer* sera aussi présent au débarquement de Normandie et à la libération de Paris.

André Malraux (1901-1976) quant à lui, combattra comme pilote en Espagne, puis en France contre les Allemands, avant d'entrer en résistance. Il écrit *L'espoir* et *La condition humaine*, des livres qui dénoncent la guerre. Il deviendra ministre de la Culture de 1959 à 1969.

Antoine de Saint-Exupéry (1900-1944), auteur du *Petit Prince*, combattra contre les Allemands, en qualité de pilote, et y laissera la vie en juillet 1944, abattu au-dessus de la Méditerranée.

Robert Desnos (1900-1945) est un poète français et militant antifasciste, qui choisira la résistance. Il sera capturé, et envoyé au camp de concentration de Buchenwald. Bien qu'il y survive jusqu'à l'arrivée des Alliés, il mourra de maladie quelques jours plus tard.

À cette époque-là

LES CONGÉS PAYÉS

Après la victoire du Front Populaire en mai 1936, de nombreuses grèves de travailleurs paralysent le pays. Une des principales revendications est l'instauration de congés payés. Obtenus quelques mois après, ils sont d'abord fixés à 15 jours. Les effets sont bénéfiques : la productivité des salariés est meilleure, et le tourisme de masse se développe, ouvrant de nouveaux horizons économiques.

Hélène Boucher (1908–1934), aviatrice française.

UN MÉTIER EN PLEIN ESSOR : AVIATEUR

C'est surtout pendant la Première Guerre mondiale que l'aviation se développe. Après la guerre, Beaucoup d'anciens pilotes militaires se reconvertissent dans le civil ; des écoles d'aviation sont aussi créées. L'aviation permet le développement du transport civil, mais surtout du transport de courrier (Aéropostale). De nombreux records sont battus par des aviateurs chevronnés : l'américain Lindbergh, traverse le premier l'Océan Atlantique sans escale. Hélène Boucher, aviatrice française, bat plusieurs records de vitesse.

LES FEMMES TRAVAILLENT

Comme lors de la Première Guerre mondiale, la majorité des hommes sont au front, dans tous les pays. Dans ces conditions, les femmes restent « à l'arrière » et travaillent aux champs ou dans les usines où elles deviennent indispensables à l'effort de guerre. Une fois la paix revenue, nombreuses sont les femmes qui vont garder leurs emplois d'ouvrières, de secrétaires ou d'infirmières.

Si elles ne sont jamais autorisées à combattre dans les armées officielles à cette époque, beaucoup s'engagent dans la résistance, du côté allié, comme du côté allemand.

Femmes à l'usine, contribuant à l'effort de guerre (fabrication d'obus).

C'est donc par le travail que les femmes gagnent d'abord en autonomie. Car en France, les femmes obtiennent le droit de vote en 1944 seulement et votent pour la première fois en 1945, bien après les Américaines (1919) et les Anglaises (1928).

À cette époque-là

LE JAPON ENVAHIT LA CHINE ET ATTAQUE LES ÉTATS-UNIS

Après la Première Guerre mondiale, la pression militaire japonaise en Orient s'accroît. À cause du manque de ressources sur l'archipel nippon, le gouvernement cherche à agrandir son empire. Après s'être approprié diverses îles du Pacifique, le Japon envahit la Chine en 1937, et l'Indochine française en 1940. Puis, les Japonais lancent l'attaque surprise de la base navale américaine de Pearl Harbor, le 7 décembre 1941 : c'est le début du conflit du Pacifique. Cette guerre opposant les États-Unis et le Japon dans d'immenses batailles aériennes, terrestres et navales, se caractérise par sa violence extrême envers les civils, avec de nombreux crimes de guerre. On estime à 25 millions le nombre de morts civils, notamment chinois, ce qui en fait un front aussi meurtrier que le champ de bataille européen.

Le largage de la bombe atomique sur Hiroshima et Nagasaki par les États-Unis en 1945, tuant entre 150 000 et 250 000 civils japonais, met fin au conflit, mais traumatise le Japon, puis le monde entier.

Le champignon atomique au-dessus d'Hiroshima.

LES TROUPES COLONIALES DANS LES FFL

Après la défaite de 1940, l'armée française est à reconstruire. Le Général De Gaulle fait appel aux légionnaires, aux troupes coloniales d'outre-mer, et aux hommes de l'empire colonial français. Principalement venues d'Afrique noire et du Maghreb, les troupes coloniales, commandées par des officiers français, se révèlent très efficaces, en particulier dans les combats de désert et de montagne. Ainsi, sous les ordres du maréchal Juin, des unités marocaines permettent aux Alliés de remporter la victoire décisive de Monte Cassino (Italie, 1944). Les troupes coloniales poursuivent le combat jusqu'à la libération totale de la France.

LES BRIGADES INTERNATIONALES EN ESPAGNE

Après des années de troubles sociaux-économiques et politiques, la guerre civile éclate en 1936 en Espagne, opposant les républicains aux nationalistes du Général Franco. Cette guerre symbolise l'opposition entre liberté et oppression. Rapidement, des volontaires viennent de tous pays pour combattre dans l'un ou l'autre camp. Dans ce contexte se créent des groupes antifascistes, dont les Brigades internationales, qui rassemblent des milliers d'étrangers venus se battre pour la liberté.

Dans la même thématique,
une sélection de titres publiés chez Oskar Éditeur
Pour plus d'informations, consultez notre site :
www.oskareditions.com

Il ne restera que nos noms 1942-1943

Été 1942. En pleine guerre, David et Fanny quittent précipitamment Paris avec leurs parents. Ils fuient les arrestations qui s'intensifient. Ils tentent de se mettre à l'abri de la barbarie nazie car ces deux jeunes Français sont de religion juive, donc en grand danger. Avec l'humour et la naïveté de la jeunesse, David nous raconte son histoire, une histoire vraie, celle d'une enfance volée, effacée.

Auteurs : Viviane Koenig & Annie Moser

Les souliers à talons

Comment raconter ce que fut la Shoah ? C'est le défi que relèvent Élisabeth et Rachel, deux vieilles dames qui passent l'été entourées de leurs petits-enfants. Lorsque la machine à souvenirs se met en branle, le passé très singulier des deux amies ressurgit. L'une est née juive et a grandi bien trop vite en connaissant le pire…

Auteur : Vanina Brière

Surtout ne prends pas froid

Esther écrit à son papa du camp de Pithiviers où elle est internée, cet été 1942. Elle lui raconte ses gros chagrins et ses petites joies. Même séparée de ses parents, Esther a confiance, elle est persuadée qu'elle pourra les retrouver

Auteur : Isabelle Wlodarczyk

Les deux inconnues

En pleine Seconde Guerre mondiale, au pensionnat Notre Dame, débarquent un jour deux petites filles, les « nièces » de la Mère Générale : Régine et Estelle. Mais on apprend que les deux jeunes filles s'appellent en réalité Rébecca et Esther et qu'elles sont juives. Pour les protéger, le silence est de mise.

Auteur : Catherine de Lasa

Le dernier été des enfants à l'Étoile, 1942, une rescapée se souvient

Le témoignage d'une rescapée des camps de concentration français, Annette Krajcer, aujourd'hui âgée de 85 ans.

Auteurs : Philippe Barbeau et Annette Krajcer

La petite fille qui aimait les pommes de terre

L'histoire de deux fillettes, Charlotta et Viorica, envoyées à Auschwitz parce qu'elles étaient juives. Dans un style inoubliable par sa simplicité, l'auteur nous fait revivre le destin de ces jeunes enfants.

Auteur : Rose Lagercrantz

Les sanglots longs des violons…

Le témoignage émouvant et fort de Violette Jacquet-Silberstein, violoniste dans l'orchestre des femmes d'Auschwitz, où elle fut déportée à l'âge de 17 ans.

Auteurs : Violette Jacquet-Silberstein et Yves Pinguilly / Illustrateur : Marcelino Truong